▲幼少期にリンカーンが
住んでいた丸太小屋

▶ 丸太小屋内部構造

幼いリンカーンが住んでいた当時の様子に似せて復元されている

スプリングフィールドにあるリンカーンの家

リンカーンと彼の家族はここで17年間過ごした

▲若いころのリンカーン

ひげを生やす前の姿

▲スティーブン・ダグラス

リンカーンのライバルでありながらも、友人であったスティーブン・ダグラス。リンカーンとダグラスの論争は有名

リンカーンが弁護士時代働いていた法律事務所内の様子

▶リンカーンの妻メアリー・トッド

ホワイトハウスで過ごした最初の年に撮った写真

◀長男ロバート

次男エドワードは、早くに亡くなったため写真が残されていない

▶三男ウィリアム

▲四男トーマス

◀リンカーンと彼の家族

▲ アンティータムの戦いのとき、戦場を視察するために訪れたリンカーン（中央）

▲ アンティータムの戦いのとき、戦場でマクレラン将軍（右側）と向かい合っているリンカーン（左側）

▲ 南軍の名将ロバート・リー将軍（中央）

秀でた判断力と指導力、綿密な作戦で南軍を率いた有能な指揮官

▶リンカーンのゲティスバーグ演説文

かの有名な「人民の、人民による、人民のための政治」という言葉はここで語られた

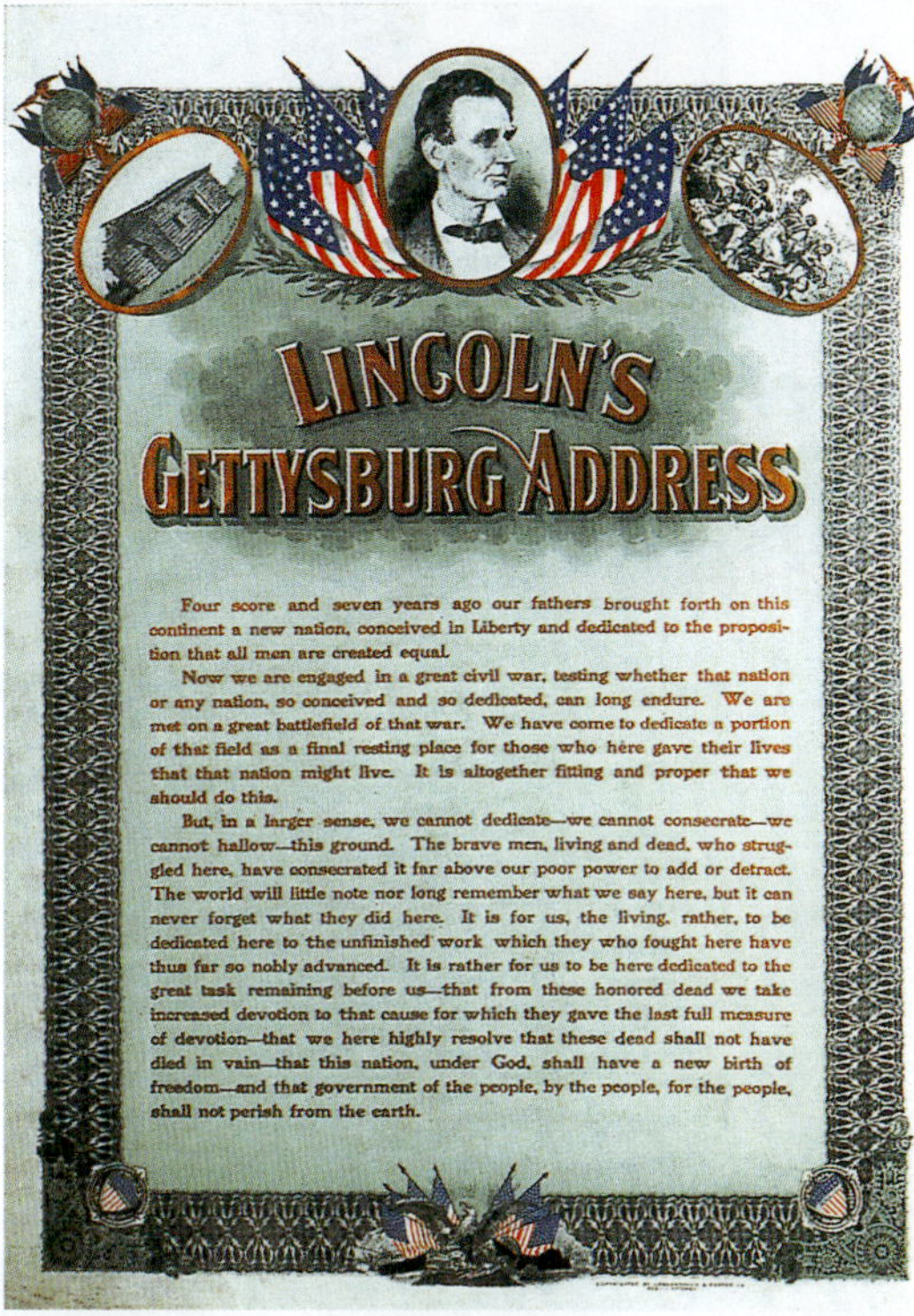

LINCOLN'S GETTYSBURG ADDRESS

Four score and seven years ago our fathers brought forth on this continent a new nation, conceived in Liberty and dedicated to the proposition that all men are created equal.

Now we are engaged in a great civil war, testing whether that nation or any nation, so conceived and so dedicated, can long endure. We are met on a great battlefield of that war. We have come to dedicate a portion of that field as a final resting place for those who here gave their lives that that nation might live. It is altogether fitting and proper that we should do this.

But, in a larger sense, we cannot dedicate—we cannot consecrate—we cannot hallow—this ground. The brave men, living and dead, who struggled here, have consecrated it far above our poor power to add or detract. The world will little note nor long remember what we say here, but it can never forget what they did here. It is for us, the living, rather, to be dedicated here to the unfinished work which they who fought here have thus far so nobly advanced. It is rather for us to be here dedicated to the great task remaining before us—that from these honored dead we take increased devotion to that cause for which they gave the last full measure of devotion—that we here highly resolve that these dead shall not have died in vain—that this nation, under God, shall have a new birth of freedom—and that government of the people, by the people, for the people, shall not perish from the earth.

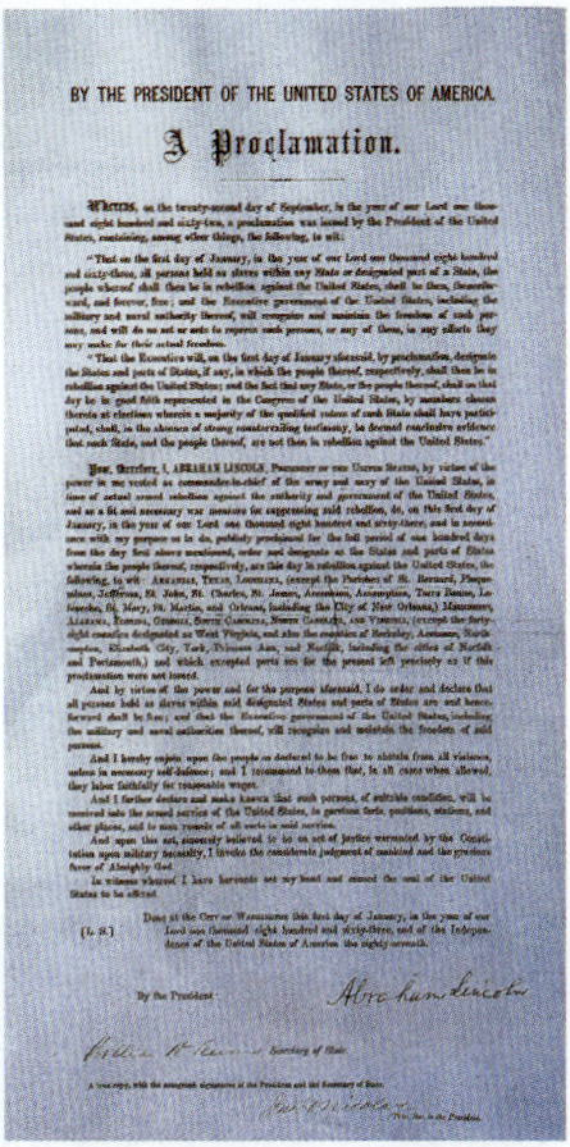

BY THE PRESIDENT OF THE UNITED STATES OF AMERICA.

A Proclamation.

◀奴隷解放宣言文

◀リンカーンが政府閣僚たちに、奴隷解放宣言文草稿を読んで聞かせている様子

▲リンカーンがフォード劇場で暗殺されたときに座っていた椅子

▲リンカーンがフォード劇場で狙撃される場面

▲リンカーンの葬列

▶暗殺犯
ジョン・ウィルクス・ブース

彼は南部支持者の俳優であった

▶スプリングフィールドのオークリッジにあるリンカーンの墓

▲最初に作られたリンカーンのペニー（1セント）

▲リンカーン記念館

▼リンカーン記念館にあるリンカーンの座像

IN THIS TEMPLE
AS IN THE HEARTS OF THE PEOPLE
FOR WHOM HE SAVED THE UNION
THE MEMORY OF ABRAHAM LINCOLN
IS ENSHRINED FOREVER

CENTENNIAL OF THE STATE OF ILLINOIS
IN GOD WE TRUST
LIBERTY

▲イリノイ州100周年
記念銀貨に刻まれた
リンカーンの顔

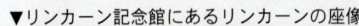

◀▼ リンカーンに関する無声映画「The Son of Democracy－A Call To Arms」の一場面

◀リンカーン役を任され、演技している俳優の姿

ホワイトハウスを祈りの家にした大統領リンカーン

ジョン・クゥアン

小牧者出版

President Lincoln,
Who Turned the White House
into a Prayer Room

by

Kwang Jeong

Word of Life Press, Korea

Abraham Lincoln

リンカーンの信仰十戒

第一　私は、主日を聖く守り、礼拝生活に力を尽くします。

第二　私は、日々神様の言葉である聖書を黙想し、実践します。

第三　私は、助けてくださる父なる神様に、日々謙遜に祈ります。

第四　私は、私の思いではなく、神様のみこころに従います。

第五　私は、神様が下さる恵みを覚え、感謝します。

第六　私は弱いけれど、神様の助けに拠り頼みます。

第七　私は、神様だけをあがめ、この方だけに栄光をお返しします。

第八　私は、神様にあって、人は皆自由で平等であると信じます。

第九　私は、兄弟を愛し、隣人を愛せよという主の命令を実践します。

第十　私は、この地上で神様の真理と公義が実現されるよう祈ります。

※リンカーンの信仰十戒は、リンカーンの演説文や祈祷文、
奴隷解放宣言文などを参考にし、著者が整理したものです。

はじめに

『ホワイトハウスを祈りの家にした大統領リンカーン』執筆にあたって

少し前に、リンカーンの生家があるスプリングフィールドを家族とともに訪れた。二度目の訪問のせいか、村の雰囲気ものどかで親近感がわいてきた。リンカーンが住んでいた家の前に立つと、まるで幼なじみを久しぶりに訪ねた感じさえし、すぐにでもリンカーンが飛び出して来て、

喜んで迎えてくれるような気がした。

ガイドに導かれて玄関を通り、リンカーンが使用していた居間と寝室、子ども部屋、そして台所に並んだ品々を見ながら、私は頭の中がリンカーンのことでいっぱいになってしまった。観光客たちに押されながら裏門から抜け出し、新鮮な空気を吸って、やっと現実に戻ることができた。もうこの場所はただの観光名所ではなく、私の人生の大きな追憶となるほどの美しい場所となっていた。

私は、まだ青年だったときにリンカーンを知った。「政治家リンカーン」との出会いであった。リンカーンとの出会いは、まだキリストを知らなかった私の人生に多くの祝福をもたらした。

尊敬する人というものを初めて心の中に抱くようになり、憂うつな環境の中でも変わらず「希望の光」が存在するという事実を悟った。どんな「障害物」も「踏み石」としてうまく活用するなら、さらに遠く、さらに高く飛び上がることが

できるという教訓を学んだ大切な出会いであった。

私は、「七転び八起き」のリンカーンがとても好きだ。みじめな境遇から数多くの苦難と逆境を踏みつけ、倒れても起き上がり、倒れてもまた起き上がる、起き上がりこぼしのように立っているリンカーン。彼は私の心の中で、見えない小さな「羅針盤」となり、私の「大岩の顔」[※注]となってくれた。

しばらくして私はイエス・キリストを受け入れた。そして今までとは違うリンカーン、すなわち「信仰の人リンカーン」に出会った。それも平凡な信仰ではなく、イエス・キリストのように多くの人に愛され、神の心にかなう人リンカーンに……。

「信仰の人リンカーン」との出会いは、神様を敬う信仰と、聖書を愛すること、そして祈りの生活など、クリスチャンの信仰生活という祝福をもたらしてくれた。ただ神様だけに拠り頼み、聖書と祈りで武装し、ついに神の人ヨセフやダビデのように用いられた「信仰の人リンカーン」。彼の人生は、私に大きなチャレンジを与えたのだ。

この『ホワイトハウスを祈りの家にした大統領リンカーン』が、今の時代を生きる私たちすべてに、特に青年たちにとって、正しい信仰生活の励ましとなり、チャレンジとなることを切に願う。この本は私の創作というよりは、いろいろな本と資料の助けを得て整理したものだ。すでにリンカーンに関する本は数千冊に及んでいる。私もやはり多くの人たちの本と資料を参考にし、彼の生涯を信仰の面から整理してみた。

常に感じていることだが、一冊の本が出来上がるには、多くの人たちの祈りと愛と助けが必要である。足りない私のために、いつも変わらぬ祈りと愛で支えてくれる両親に感謝をささげる。そして、執筆に専念できるように環境を整えてくれた愛しい妻と、執筆中、父を理解し、多くを我慢した子どもたち（ハヨン、ソンミン）に感謝している。

合わせて、この本を執筆している間、細やかな配慮と心遣いをしてくださったノースヒルズ長老教会のイ・ボンフン牧師と兄弟姉妹たちに心から感謝をささげる。

終わりに、この本が出版されるために献身的な愛と労苦を惜しまなかった、センミヨンエマルスム社の皆様に心からの深い感謝をささげ、この本の最初から最後までともに働いてくださった神様にすべての感謝と栄光をささげる。

イリノイ州　グランドビュー図書館にて

ジョン・クゥアン

※注　合衆国のサウスダコタ州キーストーンにある、ラシュモア山の岩肌に彫刻された四人の大統領の顔。

photo by dean.franklin

ホワイトハウスを祈りの家にした大統領リンカーン

目次

1 丸太小屋で育てた夢

目次

2 貧しさと失敗を克服した力

3 愛と忍耐の人生

4
神に頼る偉大な指導者

5 神の心にかなう大統領

プロローグ

リンカーンの夢の話（Lincoln's dream）

一八六五年四月九日、ついに南北戦争が終わった。しかしリンカーンはこの数日間、勝利に喜びながらも、不吉な夢を見たために不安で心が重かった。リンカーンの表情が明るくないことにすぐに気づいた妻のメアリー・トッドは、心配そうな表情で尋ねた。

「あなた。今のような良いときに、どこか体でも悪いのですか？　それとも何か心配事でもあるのですか？　表情が優れないですよ」

リンカーンは妻に夢の話を聞かせながら、この夢が自分をどれほど苦しめ、胸を締め付けているかを正直に打ち明けた。

「実は何日か前、寝ているときに変な夢を見たんだ。ホワイトハウスにいる人たちが、悲しみながらすすり泣いていて、中には泣き崩れる人までいるのだ。とても不思議で、その中の一人に近寄って聞いてみた。『どうしてそんなに悲しんでいるのですか。もしやどなたかが亡くなられたのですか？』すると、その人はこう答えるではないか。『まあ、あなたは今まで大統領が亡くなられたことを知らなかったのですか？　それも、暗殺者の凶弾を受けて亡くなられたのですよ！』

私はあまりの衝撃で夢から覚めたんだ。しかもこの夢があまりにも生々しくて頭から消えない。だから、この数日間、聖書を黙想しながら夢に関するみことばを探してみたんだ。今まで知らなかったが、夢に関する話がこんなに多いことに、すごく驚いたよ」

「あなたは夢を信じるの？　むしろ夢とは反対のことが起こるとよく言うでしょう。あなたは長生きするから何も心配しないで健康に気をつけてくださいね」

「そうだ。私たちは皆、神様が呼ばれるならいつでも行かなければならないし、誰だって行く準備をしなければならない。自分の人生を思いのままにできるわけではないし……。とにかく人生の主人である神様が、来いと呼ばれるその時が一番良い時だろうね」

Abraham Lincoln

1

丸太小屋で育てた夢

幼少期の丸太小屋
お母さんは私の天使
世界で一番素晴らしい、新しい母
本の虫、リンカーン
リンカーンに影響を与えた本
リンカーンの聖書愛

1番目のストーリー

幼少期の丸太小屋

人は、自分が幸せになろうと決心した分だけ幸せになれる。

A・リンカーン

ナンシー・ハンクスとトーマス・リンカーンとの出会いは、ケンタッキー地域教会連合会で開催した野外修養会だった。出会って間もなく、一八〇六年六月一二日、彼らはジェシー・ヘッド牧師の司式で結婚式を挙げ、ケンタッキー州の小さな村ホーゲンヴィルに、こじんまりとした丸太小屋を建てて新婚の住まいとした。

一八〇九年二月一二日の日曜日、家族の祝福の中、第十六代大統領エイブラハム・リンカーンはこの丸太小屋で生まれた。木と茂みがうっそうと生い茂った田舎の村ホーゲンヴィルで、リンカーンは森の中の鹿、熊、りす、たぬき、うさぎたちを友として幼少時代を過ごした。天高くそびえる木々や美しい花々、夜空に輝く月明かりと星明かりの中で、彼は夢を育みながら成長した。

家は貧しくても、正直で誠実な父と、慈しみ深く信仰心の篤い母、そしてだれよりも温かく理解のある姉のサラがいて、リンカーンは幸せだった。

ホーゲンヴィルの丸太小屋は、父親が自分の手で作った家だったので、家族は特別な愛着を持っていた。たとえ夏の暴風雨で雨漏りがしても、冬に寒波が押し寄せて、寒さで部屋の中までかちかちに凍ってしまったとしても、丸太小屋での生活はリンカーンにとって、生涯忘れることのできない思い出を与えてくれた。

リンカーンは幼いころから、農作業で忙しい両親を助けなければならなかった。春には農作物を植え、夏の日照りが続くころには父を助けて畑の畝《うね》と畝の間を歩きながら水

▼幼少期リンカーンが住んでいた丸太小屋

▲ホーゲンヴィルの丸太小屋内部

やりをするという大変な作業をしなければならないこともあった。彼は、たきぎ割り、畑仕事、乳搾り、家族の面倒を見ることなど、父がする仕事はすべてできるほど、熟練した助手の役割を果たしていた。

リンカーンの家族は、一週間どんなに忙しく働いたとしても、主日が来ると、皆早起きしてきれいな服に着替え、教会に行って礼拝をささげた。彼の両親は信仰生活に熱心で、教会奉仕にも積極的に参加する献身的なクリスチャンだった。

リンカーンは、礼拝で牧師から聞いた説教と、母親から聞いた信仰の義人たちの話を、教会に行っていない近所の子どもたちを集めて上手に語って聞かせた。また、母とともに暗唱した聖書箇所を友だちに披露したりもした。そのたびに子どもたちは「おもしろい」と言って彼の周りに集まってきたのだった。

リンカーンと彼の家族は、教会を通して多くの霊的な恵みを得た。毎週主日ごとにささげる礼拝は家族に霊的な活力をもたらし、牧師の霊感あふれる説教によって、家族は信仰の中で生きることができた。決して豊かな生活ではなかったが、食事ごとに感謝の祈りをささげ、一日の生活を終えてベッドに入るときは、母の祈りの声を聞きながらリンカーンと姉のサラは眠るという祝福を味わっていた。

このようにリンカーンは、貧しかったが幸福で円満な幼年期を丸太小屋で送った。

わが子よ。私のおしえを忘れるな。私の命令を心に留めよ。……神と人との前に好意と聡明を得よ。

箴言三・一、四

2番目のストーリー

お母さんは私の天使

私が成功したとしたら、それはただ、天使のような母のおかげ。

A・リンカーン

リンカーンの伝記作家は、彼についてこのように書いている。「神様はリンカーンに、偉大な人になれるほどの条件は一つもお与えにならなかった。ただ彼に貧しさと、素晴らしい信仰の母を与えられただけだった」

母ナンシーは、荒地の開拓者の妻として、また二人の子どもの母として、非常に厳しい自然環境と戦いながら、田舎での生活に耐えた。彼女の生活は、一日中農作業と雑務の連続で大変忙しいものだった。女性が土地を開墾し、農作物を植え、収穫物を刈り取るのは簡単なことではなかった。しかし彼女は、どんなに忙しく厳しい生活の中でも、子どもたちの面倒を見、教育することをおろそかにはしなかった。

ナンシーはリンカーンに、物質的な豊かさや学校教育の恵みは与えることができなかったが、それよりもはるかに尊く、価値のある人生の宝を豊かに植えた。観察力が優れていた彼女は、リンカーンを連れて森の中や川辺を歩きながら、植物や魚などの名前と特徴を、楽しく分かりやすく説明しながら教えた。リンカーンは神秘的で驚異的な自然の世界に目が開き、豊かな想像力と創意的な思考で物事を見ることができるようになった。

彼女は、何よりもリンカーンの心の中に「信仰」と「夢」を植えつけたかった。そのため、何も予定がない午後や夕食後に一休みするときには、必ず讃美歌を歌い、楽しい聖書の話を聞かせたり、慌《あわただ》しい大都会の話も聞かせたりした。

彼女は、リンカーンが貧しく厳しい環境の中でも希望を失わないように励ました。特に、逆境の中でも挫折することなく夢を持っていた信仰の先輩たちのようになってほしいと強く願い、聖書の中に出てくる人たちの話をした。イスラエルの民を奴隷生活から救い出したモーセ、奴隷として売られた後にエジプトの総理大臣になったヨセフ、神様を信じて成功した羊飼いダビデの話などは、幼いリンカーンの心に鮮明に残り、彼の夢と希望を育てた。

リンカーンは後に回想しながら、「母が私の心に描いてくれた絵の中で、一番印象深いのは、神様がモーセに与えた『十戒』で、一生消すことができなかった」と告白している。弁護士時代には賄賂《わいろ》に対する誘惑が多くあった。しかしリンカーンはそのたびに母が心の中に描いてくれた「十戒」の話を思い出し、その誘惑を押しのけることができたと言う。イギリスの文学者ベンソンは、リンカーンを「アメリカで一番正直な弁護士」と賞賛した。リンカーンがこのような賞賛を受けた理由は、「神様のみことば通りに生きなさい」という母の言葉を、人生の中で実践したためだった。

このようにナンシーは、リンカーンに信仰と希望を与えるための努力をした。しかし、一つだけ母として残念に思うことがあった。それは学校で勉強し、走り回って遊んでいる年ごろのリンカーンを、学校に送ることができないことだった。貧しかったこともあるが、何しろ人里離れた田舎の村に住んでいたため、近くに学校がなかったのである。時々、遠く離れた村で学校が開かれたりもしたが、毎日そこまで授業を受けに行くのは簡単なことではなかった。

教育熱心だった彼女は一大決心をして夫を説得し、遠く離れた地域の学校に通いながら、サラとリンカーンが勉強できるようにした。このようにしてやっと通えるようになった学校だったが、リンカーンが九歳になった年の一八一八年一〇月五日、母がこの世を去ることで、中断せざるを得なかった。

▲リンカーンの母、ナンシー・ハンクス

ナンシーは風土病にかかった病床でも、幼いリンカーンに尊い信仰の真理を教えることを忘れなかった。そして、幼いリンカーンの手を握り、この世を去るとき、こう言い遺した。

「愛するエイブ（リンカーンの愛称）！　この聖書は私の両親から頂いたものです。私が何度も読んで随分古くなったけれど、私たちの家の価値ある宝物よ。私はお前に百エイカー（約十二万二千坪）の土地を残すより、この一冊の聖書をあげることができて心からうれしく思うわ。エイブ！　お前は聖書をよく読み、聖書のみことば通りに、神を愛し、隣人を愛する人になりなさい。これが私の最後のお願いよ。約束できるわね？」

リンカーンはまだ幼かったが、母の遺言を心の奥深くに刻み、この約束を守ることを固く誓った。

彼がどれほど母親を尊敬し、母の信仰教育に感謝していたかは、親しい友人であるビリー・ハーンドンにした告白を見ればよく分かる。

「私がまだ幼く、文字も読めないころから、母は毎日聖書を読んでくれ、いつも私のために祈ってくれた。丸太小屋で読んでくれた聖書のみことばと祈りの声が、今でも私の心に響いている。私の今日、私の希望、私のすべてのものは、天使のような私の母から受け継いだものだ」

若者をその行く道にふさわしく教育せよ。そうすれば、年老いても、それから離れない。

箴言二二・六

リンカーンが愛していた聖書箇所

「神を愛する人々、すなわち、
神のご計画に従って
召された人々のためには、
神がすべてのことを働かせて
益としてくださることを、
私たちは知っています」
(ローマ８：28)

リンカーンは、どんなに難しい状況でも、神を愛し、神の御翼の下にいさえすれば、神は必ず働かれ、すべてを益としてくださることを信じていた。どんな失敗と絶望と挫折があっても、神様を愛する人々には必ず神様の良い導きがあるという固い信仰を持っていた。この起き上がりこぼしのような強い信仰こそ、彼が成功することができた秘訣であった。

3番目のストーリー

世界で一番素晴らしい、新しい母

母親の涙には、科学的に分析することのできない濃い愛情が含まれている。
A・リンカーン

母が亡くなると、家の中は急に寂しくなってしまった。細やかで優しい母の声はもう聞こえなくなってしまった。夕食の時や、面白い話を聞かせてくれるときに座っていた母の丸太椅子だけが、家の片隅にぽつんと置かれていた。母がいなくなった空白を埋めようと、姉のサラは一生懸命家のことをしたが、もの寂しい雰囲気を消すことはできなかった。そんな中で慰めとなったのは、母が遺した聖書を毎日読むことだった。

母が亡くなって一年が過ぎた冬のある日、父は、隣町のエリザベスタウンに住んでいる幼なじみのサラ・ブッシュ・ジョンストンを訪ねた。彼女もまた夫を亡くし、一人で暮らしているということを知っていたリンカーンの父は、彼女に結婚を申し込もうと決心したのだ。そして一八一九年一二月二日、ついに結婚式を挙げた。リンカーンとサラに新しい母ができたのだった。

父は新しい母とその三人の子どもたちとともに、いくつかの家具と台所用品を馬車に積んで帰って来た。荷物の中には、後にリンカーンが楽しく読むようになった『ウェブスター辞典』や『ロビンソン・クルーソー』『アラビアン・ナイト』も入っていた。新しい母は、リンカーンとサラを見るとすぐに温かくほほ笑んで、頭を優しくなでてくれた。

新しい母が来てから、家の雰囲気は確かに変わっていった。家の中はきれいになり、家族は活気を取り戻した。何よりも幸いなことに、新しい母も素晴らしいクリスチャンだった。彼女もやはりよく聖書の話を聞かせてくれ、美しい信仰の芽を育ててくれた。

ある日、新しい母サラはリンカーンのために新しく作った素敵なズボンをはかせながら聞いてみた。

「本当によく似合うわね！　ところでエイブ、旧約聖書に出てくるアブラハムとお前の名前は一緒だけど、お前はアブラハムがどういう人だったか知っている？」

母が作ってくれた服を着てとても気分が良くなり、リンカーンはこう答えた。「実は随分前に亡くなった母から聞いたのだけれど、今はよく覚えてないのです」

サラはリンカーンをひざの上に座らせ、アブラハムの話を聞かせた。「アブラハムは、信仰深い人だったのよ。だから神様が言われたことは、何であれすべて従ったの。神様が彼に、一人しかいない息子イサクをささげなさいと言われたときも、アブラハムは逆らわずに従ったのよ。もちろん神様はアブラハムを試されたのでしょう。息子イサクよりも神様を愛しているかどうかをはっきりとさせるために。神様はアブラハムの信仰をご覧になり、喜ばれ、彼をほめられたの。そして、彼にたくさんのプレゼントを与えられたのです。カナンの地も与え、

▲リンカーンの継母、サラ・ブッシュ・ジョンストン

神を信じるすべての人々の父、信仰の祖先となるようにされ、彼の子孫を通して救い主イエス様まで送られることを約束されたの。アブラハムという名前がどれほど尊い名前か分かったでしょう？　お前も大きくなったらアブラハムのように信仰深く、神様にほめられるような人にならなければならないよ。分かったね！」

「はい。お母さん」

リンカーンは、自分の名前に尊い意味があることを教えてくれた母に感謝した。このときから彼の心の中に、自負心と充足感が生まれ始めた。そして名前の通り素晴らしい人生を生きようという誓いも忘れなかった。

サラはリンカーンが本を読むのが好きなことを知り、あちこちから良い本を借りてきてくれた。そのたびにリンカーンは夜が更けるのも忘れ、本にのめり込んでいくのだった。リンカーンが本を夜遅くまで読んで翌朝早く起きられないときは、父は不満に思い

「もうこれ以上本を借りて来ないでくれ。農作業をする子どもが本を読んで何になるんだ！」とげんこつを食らわせたりもした。

しかしサラは夫を説得し、こう言った。

「あなた。私はエイブを自分が産んだ子のように育てたいのです。ナンシーも愛情を持って聖書と読書を通して子どもたちを育てたではありませんか。エイブはほかの子と違って聡明で知恵深い子です。必ず立派な人になるでしょう。あなたも一緒に助けてくださいな」

子どもたちを慈しみ、愛する妻の心に、父もすぐに怒りが和らぐのだった。

母は、冬の農閑期には六キロメートル離れた学校でリンカーンが勉強できるようにしてくれた。そこでリンカーンは、読み書き、算数を学んだが、とりわけ文章を書くことに驚くほどの才能を発揮した。近所の人たちも、リンカーンが文章を書くのが得意だというわさを聞いて、手紙を書いたり特別な文書が必要なときなどは彼を訪ね、助けを求めるようになった。

母はリンカーンに、文章を書くのに劣らない卓越した話術の賜物があるということを知り、ウィリアム・スコットが書いた『弁論練習』という本をプレゼントした。彼は森の中を歩きながら、木々を聴衆と考えて、この本に書いてある通り力強い声で演説する練習を繰り返した。この本は、リンカーンが政治家として大衆の前でどのように演説しなければならないかを具体的に教えてくれた。
後にリンカーンは、大統領に当選した後、育ての母サラ・ブッシュの墓を訪ね、母のことを思い、感謝することを忘れなかった。

「新しい母は、本当に知恵深く、愛にあふれていた。私にいつも聖書の話を聞かせてくれ、読書の習慣を育ててくれた。今に至るまで、私は母から愛と信仰について多くを教えられた」

麗しさはいつわり。美しさはむなしい。しかし、主を恐れる女はほめたたえられる。
箴言三一・三〇

リンカーンが愛していた聖書箇所

「だれに対してでも、
悪に悪を報いることをせず、
すべての人が
良いと思うことを図りなさい」
(ローマ12：17)

リンカーンが大統領に再選した時、就任演説で引用したみことばが、リンカーン記念館の左側の壁面に掲げてある。リンカーンはよく周囲の人たちに「親切と愛を施し、敵を友としなさい」と言っていた。彼は自分を憎んでいたスタントンを、要職である陸軍長官に任命し、和解と赦しと愛で彼を受け入れた。このように、彼が敵にまで愛を与えることができたのは、彼の心の中に刻まれていたこのみことばの力によるものであった。

4番目のストーリー

本の虫、リンカーン

私は常に学びながら自分を整えておく。いつかは私にも機会が訪れるだろう。

A・リンカーン

アメリカの有名な作家ハロルド・エヴァンスは、多くの資料をもとにアメリカ大統領の読書習慣を調査し、多くの人がこれに関心を寄せた。興味深いことは、彼が極めて熱心な読書家として選出した二十二名の大統領の中に、アメリカ国民が選んだ立派な大統領上位十名がすべて含まれていたということだ。国民たちの尊敬と愛を受けた彼らには時代を見抜く鋭い目があり、それを持つためには読書が支えとなるということを教えてくれる。エヴァンスが選んだ読書家には、リンカーン、ワシントン、ジェファーソン、セオドア・ルーズベルト、アイゼンハワー、ケネディなどがいた。

リンカーンは幼いころから「本の虫」と呼ばれていた。学校教育を正式に受けることができなかった彼は、すべて独学で勉強しなければならなかった。正式に受けた学校教育はせいぜい九カ月、まだまだ上手に読み書きをすることは難しかった。一人で勉強できる時間が十分にあるわけでもなかった。昼間は仕事をし、夜は本と格闘するという、忙しい中での勉強を余儀なくされた彼にとって、夕食の時間は、本を読み、明日のために備える大切な時間であった。

▲働きながらも本を手放さなかったリンカーン

彼は、「一冊の本を読む人は、二冊の本を読む人の指導を受けるようになる」という名言を思い出しながら、勤勉に読書に専念した。仕事の合間にポケットから本を取り出しては読んだ。本を手から離さない彼の読書習慣によって、彼は知的に大いに成長し、創造的なリーダーになったのであった。

リンカーンは本を読むだけでなく、良い文章があればメモを取り、事あるごとにそれを繰り返し読んで、自分のものとした。また文章を上手に書くために、文法の勉強も怠らなかった。彼は、難しい文法が出てくると、遠くに住む先生を訪ねて文法の指導を受けたり、時には先生の文法の本を借りて読むという幸運にもあずかった。このような努力によってリンカーンは、十六歳で『節約』というエッセイを書いてオハイオ州新聞で発表し、人々を驚かせたこともある。

幼少時代から彼の友人であったジョン・ハンクスは、リンカーンがどれほど本を読むことに一生懸命だったかについてこう語っている。

「リンカーンは、幼いころから『本の虫』で、近所の家の本はことごとく借りて読み、遠くの村まで行っては本を借りて読んでいた」

彼は一つの分野に限らず、歴史、哲学、科学、文学、宗教など多方面にわたって本を読み、その中でも文学書と法律書を好んだ。特にリンカーンはシェイクスピアの作品が好きで、すべて読みあさり、シェイクスピアマニアとして知られるほどであった。

さらに彼は、測量士と郵便局の職員として働いているとき、法律書に興味を持つようになった。当時の友人である弁護士ジョン・スチュアートが、リンカーンが法律書を興味深く読んでいるのを見て、法律の勉強をして弁護士になってはどうかと誘った。これがきっかけで、リンカーンは一生懸命法律を勉強して弁護士になることができた。多くの読書のおかげで、弁護士たちの間でも、知識豊かで有能な弁護士として認められた。

リンカーンがまだ駆け出しの弁護士だったころに一緒に暮らしていた友人ジョシュア・スピードは、彼についてこのように語っている。

「私が眠り、明け方に起きてみると、時折リンカーンはその時間まで眠らずに本と格闘していた。彼はまれに見る『本の虫』だった」

リンカーンの手には常に本があった。彼は毎年、自分の身長ほどの本を読むことを目標としていた。身長が伸びるたびに彼の読書量が増えていったのは言うまでもない。彼は大統領になっても、忙しい業務の中、決して本を読むことをやめはしなかった。肉体の健康のために食事が必要なように、内面の成長のために本を読むことが必要であるということを彼は忘れなかったのだ。こうして彼は、百九十七センチメートルという身長に比例して、内面も偉大な巨人として成長していったのである。

私の目は夜明けの見張りよりも先に目覚め、みことばに思いを潜めます。

詩篇一一九・一四八

リンカーンが愛していた聖書箇所

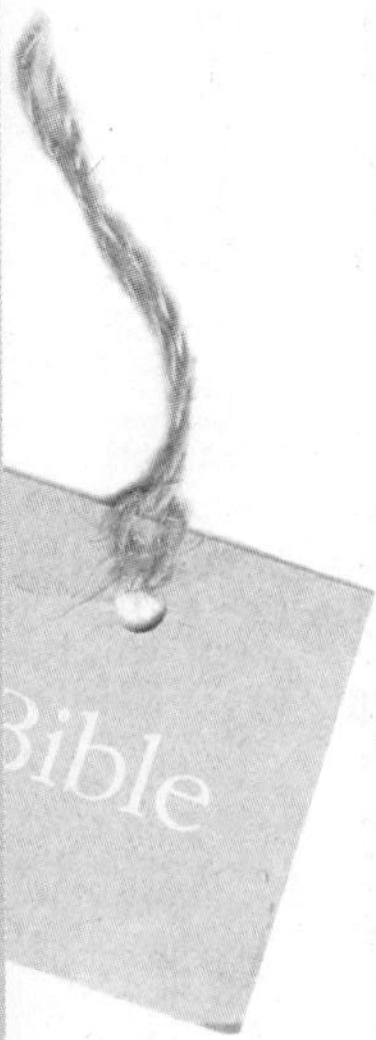

「どんなにか私は、あなたのみおしえを
愛していることでしょう。
これが一日中、
私の思いとなっています。
あなたのみことばは、私の上あごに、
なんと甘いことでしょう。
蜜よりも私の口に甘いのです。
あなたのみことばは、私の足のともしび、
私の道の光です」
(詩篇119：97，103，105)

これは、リンカーンの信仰告白とも言えるみことばである。リンカーンの生涯は、一言で言うと、聖書を愛し、実践した生涯であった。彼は、幼少時代から母のひざの上で聖書を学び、大統領になっても聖書から人生の導きを受けた。彼は前途多難なときは、魂の食物であるみことばを食べて新たな力を得、行く道を神様が明るい光で照らしてくださるのを経験した。

5番目のストーリー

リンカーンに影響を与えた本

私が一番好きな友だちは、本を贈ってくれる人だ。

A・リンカーン

幼少時代にリンカーンが持っていた本は、全部合わせて四冊だったという。しかし、この四冊の本はリンカーンの人生を変え、彼を偉大な大統領にした。これらの本は、彼の考えを支配し、彼の人生の大きな枠組みを形成したのだった。

一冊目は『聖書』だった。母から受け継いだ聖書は、神の御前で自分の存在を見つめさせ、人生についての質問を投げかけた。また、人間は弱い存在で神の助けが必要だという事実を悟らせてくれた。彼がよく暗唱していた聖書の十戒は、彼の心を照らすともしびとなり、多くの誘惑に遭うたびに、横道にそれることがないよう守ってくれた。このように、聖書が彼の人生に最も大きな影響を与えた本であることは言うまでもない。

二冊目は、ジョージ・ワシントンの伝記だった。遠くの村に住んでいたアンドリュー・グラフォードの家で働いていたリンカーンは、ある日書斎でワシントンの伝記を見つけた。彼は主人の許しをもらってその本を借り、ろうそくが燃え尽きてしまうまで読んだ。それから床に就いたのだが、あいにく夜中に大雨が降り、借りていた本がびっしょりとぬれてしまった。乾かして手入れをしたものの、返すにはひどく破損してしまっていた。彼はすぐに主人の家に行き、事情を説明した。こうして彼は本の代金分の農作業をして、この本を自分の物にすることができたのだ。リンカーンはワシントンの伝記を繰り返し読みながら、おぼろげではあるが大統領に相応しい人物像を思い描いていった。ワシントンの正直さと、祖国に対する忠誠心は幼いリンカーンの心をとらえ、彼の人生のモデルとなった。彼が大統領になるまで、この伝記は彼の心の中で案内人の役割を果たした。

三冊目は、ジョン・バニヤンの『天路歴程』だった。ある日父が、昔読んだ古い『天路歴程』を倉庫から取り出してリンカーンに渡すと、彼は飛び上がるほど喜び、その日のうちに一気に読んでしまった。『天路歴程』には、「イエス様を信じるクリスチャン」が天国に入るまでの険しい旅程が描かれている。リンカーンはこの本を読みながら、何よりも天国を慕い求めるようになり、クリスチャンの前途にも障害が多いという事実を悟った。

四冊目は、『イソップ物語』だった。『イソップ物語』は、リンカーンが本好きだというわさを聞いたある婦人がプレゼントしてくれた本だった。リンカーンは『イソップ物語』を通して、知恵と豊かな想像力、ユーモア、そして機転を学ぶことができた。イソップは奴隷の身分でありながら、そのような環境の中でも、光るユーモアと才知あふれる作品を書いたという。リンカーンはその点に心打たれたのだ。

リンカーンが幼少時代に繰り返し読んだこの四冊の本は、彼が成人してから読んだほかのどんな本よりも意味深いものだったと言うことができる。これらの本によって、彼はみことばの人、正直な大統領、天国を慕い求め、知恵とユーモアを持った人物となったのだ。

神である主は、私に弟子の舌を与え、疲れた者をことばで励ますことを教え、朝ごとに、私を呼びさまし、私の耳を開かせて、私が弟子のように聞くようにされる。

イザヤ五〇・四

リンカーンが愛していた聖書箇所

「この律法の書を、あなたの口から離さず、
昼も夜もそれを
口ずさまなければならない。
そのうちにしるされている
すべてのことを守り行うためである。
そうすれば、あなたのすることで繁栄し、
また栄えることができるからである。
わたしはあなたに命じたではないか。
強くあれ。雄々しくあれ。
恐れてはならない。
おののいてはならない。
あなたの神、主が、
あなたの行く所どこにでも、
あなたとともにあるからである」
（ヨシュア１：８〜９）

リンカーンがスプリングフィールドをたつ時、一人の後援者が旗にヨシュア記1章のみことばを書いて贈った。リンカーンはこの贈り物に感謝し、このように言った。「この聖書箇所は、大統領の任務を始めるためにスプリングフィールドをたつ前、神様が使命を悟らせるために下さったみことばだと思います。ヨシュアがモーセの跡を継いでイスラエルの指導者となったとき、彼はとても戸惑い、恐れたけれど、神様に頼って大胆に自分の使命を果たし、勝利者となりました。私もこのみことばを握りしめて、委ねられた使命を果たすなら、どんな困難な出来事に遭おうとも、やすやすと勝利できると信じています」

6番目のストーリー

リンカーンの聖書愛

私は、霊の食卓に着く前に、肉の食卓に着いたことがない。

A・リンカーン

聖書なくしてリンカーンは存在しなかった。このように言えるのは、リンカーンの人生が、聖書とともに呼吸し、聖書とともに生きた偉大な生涯であったためである。アメリカの学校教材の一つである『アメリカを愛した人たち』(″The American Patriot's Handbook″)では、次のようにリンカーンを紹介している。

彼は、家庭が貧しかったため、学校教育はさほど受けられなかったが、「聖書を読んでは、また読んで」(He read and reread the Bible) 偉大な人となった。

幼いリンカーンが、産みの母から唯一受け継いだものは、手あかのついた一冊の聖書であった。母ナンシーは、暇さえあれば丸太の椅子に座り、聖書の物語を聞かせた。アブラハムとイサク、ヤコブ、ヨセフの話に始まり、奴隷生活をしていたイスラエルの民をエジプトから助け出したモーセ、勇敢なダニエルの経験、イスラエルの王様ダビデの歴史、ヨブの忍耐、火の戦車に乗って天に昇ったエリヤの話など、母がしてくれる聖書の話は尽きることがなかった。リンカーンは、このころを回想して言った。

「今でも母が聞かせてくれた聖書の話が耳に響いている。母は、私を聖書で育ててくれた」

幼少時代、リンカーンは家庭が貧しく、正式に学校教育を受けられなかった。その代わり聖書を読むことに熱中した。聖書はリンカーンの一番親しい友だった。リンカーンの唯一の教科書は聖書であり、唯一の教師は母ナンシーであり、唯一の教育内容は聖書の話であった。彼はこのように、聖書を通して自分の未来を育てていったのだ。

弁護士時代、彼は法廷で、自由自在に機転を利かせて聖書箇所を引用し、人々の愛と尊敬を集めた。あるとき彼は、今にも亡くなりそうなお年寄りの遺言状を作成するために、友人とともにその家を訪問したことがあった。彼女は、リンカーンが遺言状をすべて作

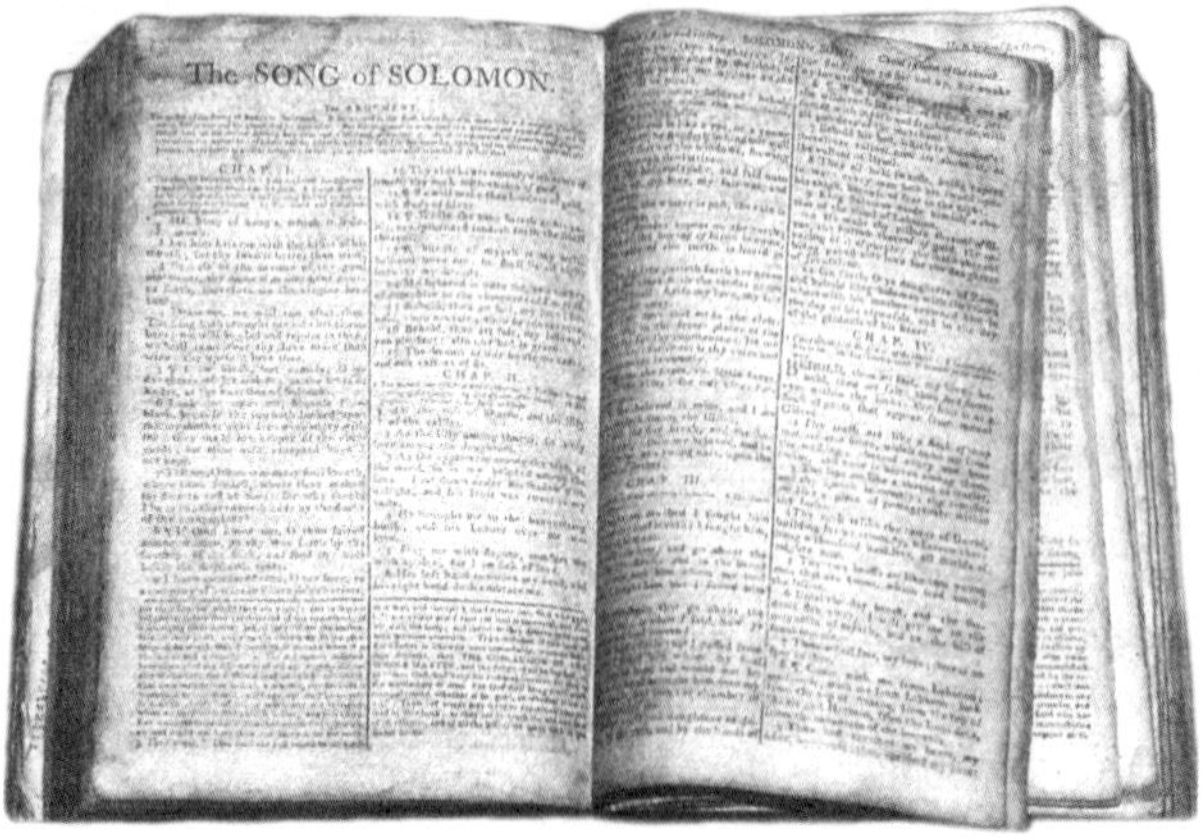

▲リンカーンが母から受け継いだ聖書

成すると、力ない声でこのように頼んだ。

「私は神様を信じ、心から愛していますが、死を迎えるのが恐いのです。私のために、聖書の箇所をいくつか読んでいただけませんか？」

リンカーンは喜んで普段から暗唱している詩篇二三篇を読んであげた。

「主は私の羊飼い。私は、乏しいことがありません……私のいのちの日の限り、いつくしみと恵みとが、私を追って来るでしょう。私は、いつまでも、主の家に住まいましょう」

彼女はその晩、リンカーンが暗唱した聖書箇所を聞きながら、平安のうちに目を閉じた。

リンカーンが大統領になってからのことである。奴隷制度問題で南北戦争が勃発した当時、アメリカ全土は戦争の渦に巻き込まれ、非常に悲惨な状態であった。しかしリンカーンは、戦争の中でも少しも揺るがなかった。参謀たちがリンカーンに聞いた。

「国が危機に瀕しているのに、どうしてそんなに平穏でいられるのですか？」

するとリンカーンは確信に満ちた声でこう答えた。

「私は今まで聖書を黙想し、神様に祈りながら、国家の未来を神様に委ねてきました。神様は、私たちが神様の側に立っていさえすれば勝利するという確信を与えてくださいました」

リンカーンの確信通り、南北戦争は連邦軍（北軍）の勝利に終わった。奴隷の身分から解放され、自由になった黒人たちは飛び上がって喜んだ。彼らは自分たちに自由を与えてくれたリンカーンに、意味のある感謝の贈り物をしたいと願った。それはほかでもない『聖書』であった。彼らは五百八十ドルという巨額を投じて革の聖書に金箔を施し、聖書の表表紙に、鉄の鎖につながれていた黒人奴隷の足かせを解くリンカーンの姿を刻んで贈った。リンカーンは、彼らの尊い贈り物に感激してこう言った。

「皆さんの愛の贈り物に感謝します。私は、聖書こそ神様が人間に下さった一番尊い贈り物であると信じています。私は神様の贈り物である聖書から宝を掘り出すために、幼いころからずっと聖書を黙想してきました。この聖書の中には、イエス・キリストの尊い宝がすべて納められています。私は南北戦争で国の苦難が続いている間、詩篇三四篇六節のみことばを暗唱し、これを通して力を得ることができました。『この悩む者が呼ばわったとき、主は聞かれた。こうして、彼らはすべての苦しみから救われた』というみことばが、私を落胆と挫折から立ち上がらせてくれたのです」

今でもイリノイ州のスプリングフィールドにあるリンカーン図書館に行くと、彼が特に愛した聖書箇所である詩篇三四篇が開かれているのを見ることができる。リンカーンの手あかがつき、涙で染みのついた聖書は、彼の聖書に対する愛と信仰がどれほど深かったのかを表している。彼が愛していた詩篇三四篇のみことばがリンカーンを強め、アメリカを救ったという事実に、聖書のみことばの力を改めて確信することができる。

リンカーンを尊敬していたアメリカの二十六代大統領、セオドア・ルーズベルトは、困難な出来事に出会うたびに、ホワイトハウスに掛かっているリンカーンの肖像画を見上げながら「こんな時、リンカーンならどのようにしただろうか?」と考えたそうだ。彼は、自分が尊敬するリンカーンについてこのように表現した。

「リンカーン大統領は、聖書で作られた人だ。彼は聖書の中から学んだ真理を、自分の実生活に適用し、自分の一生をこの上なく栄光ある人生にした。彼は聖書とともに呼吸し、聖書とともに生きた偉大な神の人である」

リンカーンは、大統領就任式の席に小さな古い聖書を持って現れ、このように告白した。

「この古い聖書は、母から私に受け継がれた聖書です。私はこの聖書によって大統領になり、この場所に立つことができました。私は聖書のみことばによってこの国を治めることを約束します」

このようなリンカーンの聖書愛は、聖書のみことばを読まない今日の多くのクリスチャンたちに「この世のパンだけで生きるのではなく、神の口から出るすべてのみことばによって生きるなら勝利する」という信仰の教訓を教えている。

あなたのみことばは、私の上あごに、なんと甘いことでしょう。蜜よりも私の口に甘いのです。あなたのみことばは、私の足のともしび、私の道の光です。

詩篇一一九・一〇三、一〇五

Abraham Lincoln

2

貧しさと失敗を克服した力

7番目のストーリー

正直な青年エイブ

正直さと知識は、私の宝であり財産だ。

A・リンカーン

リンカーンがイリノイ州のニュー・セーレムで雑貨店の店員として働いていたころの話である。二十二歳のリンカーンは、店の主人の全面的な信頼を受けて勤勉に働いていた。すでに、彼は賢くて信頼できる若者だとうわさになっていた。そんなある日、リンカーンが夜遅く商売を終えて一日の収入を決算していると、何度計算しても数字が合わない。

「なぜ六セント余るんだ？」

彼は不思議に思い、その日店に来た客たちの顔を思い浮かべた。一人ずつ受け渡しした金額を調べていくと、エンディおばあさんに渡したおつりが少なかったことに気づいた。

「そうだ！　エンディおばあさんにおつりを少なくあげてしまったんだ！」

彼は店の門を閉め、夜も遅かったが、遠く離れたエンディおばあさんの家を訪ねた。

「エンディおばあさん！　オフェット商店のエイブです。すみません。私が勘違いしておつりを六セント少なく渡してしまいました」

息を切らしながらリンカーンが六セントを差し出すと、エンディおばあさんはとても驚いて言った。

「あらまあ、お若いの！　この六セントのために、こんな遅い時間にこの遠い道のりを来たのかい？」

「六セントでなく、一セントだったとしても、お返しするのが当然です」

「今度私が店に寄ったときでもよかったろうに」

「いいえ。今日の過ちは今日のうちに正さないと」

「あんたは本当にうわさ通り正直な青年だね！　あんたはそのうち、必ず大した人物になるだろうよ」

エンディおばあさんはリンカーンの正直さに感服し、賞賛を惜しまなかった。

このようなこともあった。リンカーンが店を閉めようとしていた夜遅い時間に、一人の客が突然入ってきた。

「やあ、リンカーン！　家に客が訪ねて来たんだが、ちょうどお茶を切らしててね。それで寄ったんだ。お茶を五百グラムくれないか！」

品物を売ったリンカーンは、翌日の朝、品物を整理していて、量りの目盛りが間違っていることに気づいた。量りの目盛りが「ゼロ」でなく五十グラムを指していたのだった。

その瞬間リンカーンは、昨晩遅く訪ねてきた客を思い出した。彼はすぐにその客の家に行き、自分の失敗を話して、五十グラムのお茶を渡しながらこう言った。

「急いで店を閉めようとしていて、量りの目盛りをきちんと確認せずにお客さんに損をさせて、すみませんでした！」

このような出来事は村の住民たちを感動させ、リンカーンには「正直なエイブ」というあだ名がついた。

一八三三年、二十四歳のとき、リンカーンはニュー・セーレムの郵便局で働いたことがあった。小さな村の郵便局だったので、配達員と郵便局長の役割を兼任し、郵便局が閉鎖するまでそこで務めた。月日がたち、リンカーンはスプリングフィールドで弁護士として活動していた。そこにニュー・セーレムで再び郵便局を開設するという話が持ち上がった。しかし過去の財政を確認していると、十七ドルのお金が足りないという事実が判明した。

このことを伝え聞いたリンカーンは郵便局へ行き、以前整理しておいた色あせた書類を出してきて見せた。そこには驚いたことに、彼が郵便局で勤務していた当時の書類と、持ち主が見つからず渡すことのできなかった品物、そして十七ドルのお金がそのまま残っていたのだ。

「私は今まで、私のものではないものには、決して手をつけずにきました。実のところ、私はいつかここに再び郵便局ができるだろうと思っていました。ですから、当時使用していた重要な書類と品物をきちんと整理してしまっておいたのです」

横でこれを見ていた人々は、リンカーンが公金を扱うことに何の手落ちもないことを、改めて確信したのだった。

リンカーンが二十五歳だった一八三四年は、彼がイリノイ州議会議員として出馬した年だった。党の本部は彼に二百ドルの選挙資金を支援してくれた。当時のリンカーンにとって二百ドルはとてつもない大金であったが、選挙を戦うには到底足りない額であった。大部分の政治家たちは、決められた選挙費用以外にも選挙に当選するために追加で多くのお金を使い、このことは暗黙の了解のようになっていた。

ついに州議会選挙が終わり、リンカーンは州議会議員に当選した。そしてリンカーンは、受け取った二百ドルの選挙資金のうち、百九十九ドル二十五セントを党の本部に送り返したのだ。封筒の中には、お金と一緒に次のような手紙が入っていた。

選挙演説会場のためにかかった費用は、私が自分で支払いました。また、選挙演説には自分の馬で回ったので、交通費は一切かかりませんでした。ただ、私と一緒に選挙活動をした人の中で年配の方たちがのどが渇いたとき、飲料水を買って分けました。飲料水を買った額が七十五セントでしたので、領収書をここに同封いたします。

リンカーンの「七十五セントの領収書」は多くの人々を驚かせた。党の本部の人々は、選挙資金を返金した人など今まで一人もいなかったので驚きを禁じ得ず、住民たちも、リンカーンがお金を少しも使わず選挙に当選したという事実にとても驚いた。

リンカーンの「七十五セントの領収書」は、彼を正直で清廉潔白な政治家の代名詞とし、リンカーンは月日がたてばたつほど、さらに大きな支持と尊敬を集めるようになった。

金銭を愛することが、あらゆる悪の根だからです。ある人たちは、金を追い求めたために、信仰から迷い出て、非常な苦痛をもって自分を刺し通しました。

第一テモテ六・一〇

8番目のストーリー

弁護士リンカーン

偽りは少しの間は通用するが、永遠には通用しない。

A・リンカーン

リンカーンが弁護士として活動していたときのことである。スプリングフィールドの村の近くにある森で殺人事件が起こり、ウィリアム・アームストロングが被告人として裁判長の前に立たされた。実はチャールズ・アレンという男が、真犯人からお金をもらって裁判官に「ウィリアムが人を殺す現場をこの目で見た」とうそをついたのだった。

ウィリアムが有罪判決を受けるのは、誰の目にも明らかだった。

リンカーンの知り合いだったウィリアムの母ハンナは、リンカーンに息子の弁護を頼んだ。リンカーンは裁判の資料を隅々まで調べ、殺人現場を見回った後、ウィリアムが犯人ではないと確信した。リンカーンは率先してウィリアムの無料弁護を引き受けた。

裁判が進み、チャールズ・アレンが証人として呼ばれた。リンカーンが証人に尋ねた。

「証人は一〇月一八日の夜十一時ごろに、被告人が人を殺す現場を目撃したと陳述していますが、どこでその場面を見たのですか？」

「事件が発生した大きな木のそばから東の方に二十～三十メートルくらい離れたやぶの中で見ました」

「その時は夜遅い時間で真っ暗だったと思うのですが、どうして彼が被告人だと分かったのですか？」

「月が明るく、彼の顔がはっきりと見えたのです」

▲リンカーンの弁護士事務所

「被告人の顔を見たというのは間違いありませんか？」

「そうです。私がこの目でしっかりと見ました」

リンカーンは大声で裁判長に言った。

「証人は今、うそをついています。一〇月一八日の夜十一時には月は出ていませんでした。その晩は三日月でしたが、夜十一時ごろにはその三日月さえもなくなり、何も見えなかったのです！」

その言葉を聞いた証人チャールズ・アレンは、口ごもりながら弁明を始めた。

「私は……。もしかしたら夜十一時ではなかったかも……。実は時計を持っていなかったので」

すると、リンカーンは証人を鋭くにらみつけて言った。

「いいでしょう。ではもう少し早い時間だったとしましょう。だとしたら、木の影は東の方にかかっていたでしょう。その時、証人は東側のやぶの中にいたんですよね。私の言葉に間違いはありませんか？」

「はい、ありません」

「もし被告人が大きな木の西側に立っていたなら、証人は木のせいで被告人を見ることができなかったでしょうし、もし木の東側に立っていたなら、木の影のせいで被告人を見ることはできなかったはずです。しかし証人は、東側のやぶの中に隠れて被告人の顔をしっかり見たと証言しました。しかも真っ暗な中で二十〜三十メートルも離れたところにいる被告人の顔をはっきり見たというのは偽りに違いありません！」

リンカーンが一つ一つ問いただして間違いを指摘すると、チャールズ・アレンは何も言えなくなり、うなだれておじけづいた声ですべての事実を告白した。

リンカーンの弁護により、ウィリアムは殺人犯のぬれ衣を晴らすことができた。彼は飛び上がるほど喜んだ。しかし高額な弁護士料をどのように支払ったらよいだろうかと悩んでしまった。リンカーンは無料で弁護を買って出たのだが、彼はまだそのことを知らないようだった。リンカーンは彼の肩をたたいてこう言った。

「心配しないで！　私が飲み食いする食べ物は、もうすべて天に準備されているから。私はただ悪人の同調者になりたくなくてこの事件を弁護しただけだ」

リンカーンは一八五〇年に法律の講義をしたことがあったが、講義ノートには彼の考えがよく整理されていて、次のような記録が残されている。

弁護士にはどのような人がなるべきか?

一般的に弁護士は「正直者にはなれない、正直ではだめ」だと考えられている。しかし、それは間違った考えである。もし弁護士という職業を選択しようという人がいるなら、一瞬たりともこのような不正な考えをしてはならない。どんな状況であろうとも、正直であることを決心しなさい。そしてもし正直な弁護士になれそうにないなら、弁護士にはならず、まず正直な人になりなさい。

リンカーンは、自分が任された仕事に最後まで責任を持つ弁護士として信用され、正直で誠実な彼のうわさは一気に広まって、連邦裁判所の業務まで任されるようになった。一八四二年、リンカーンは、十二年間かけてある訴訟を勝利に導いたことがあったが、この事件はリンカーンの根気と正直さを示す良い機会となった。このように有名になっていったが、「弁護費用が依頼人の大きな負担となってはいけない」と考えていたので、お客さんの負担にはならないよう自ら実践していた。ある日、訴訟が勝利に終わり、顧客が二十五ドルの弁護士料を送ってきたのだが、リンカーンは次のような手紙と一緒にお金の一部を送り返した。

「私をとても値打ちのある人として評価してくれたのですね。貴方は私のためにとても多くのお金を支払ってくださいました。しかしこの事件の弁護士料は十五ドルで十分です。ここに残りの十ドルをお返しします」

あなたのくちびるが正しいことを語るなら、私の心はおどる。

箴言二三・一六

リンカーンの職業

リンカーンはケンタッキー州の小さな田舎町で生まれ、大統領になるまで多様な職業を経験した。彼が経験した職業は実に11種類に及ぶが、このような多様な職歴は、彼が弁護士として、また政治家として国民に仕えるときに大きな助けとなった。彼の職歴は次の通りである。

・農夫
・船乗り
・土木作業員
・商売人（店員）
・軍人（民兵大将）
・郵便配達員（局長）
・測量士
・弁護士
・州議会議員
・下院議員
・大統領

9番目のストーリー

ジョシュア・スピードとの友情

出会う人ごとに、学ぶ機会としなさい。

A・リンカーン

リンカーンにはジョシュア・スピードという唯一無二の親友がいた。リンカーンとスピードとの出会いは、リンカーンがスプリングフィールドに引っ越してきた直後、ベッドを買うために立ち寄ったある家具店であった。リンカーンは貧しかったので、一間の部屋を借りることさえ容易ではなかった。ベッドを購入しようにも、お金は到底足りなかった。そこで彼は主人に事情を話し、つけで買いたいと頼んだ。

「私は数日前に、ニュー・セーレムから引っ越して来た弁護士のリンカーンと申します。家具を購入しなければならないのですが、手持ちのお金では到底足りません。次のクリスマスまで待っていただければ、依頼料で返していくつもりです。しかし仕事の依頼が来なければ、返せないかもしれません」

店の若い主人ジョシュア・スピードは、リンカーンの素朴な風ぼうと率直さに好感を持った。

「私の家にとても大きな部屋があるのですが、ちょうどベッドもあり、二人までなら使えます。あなたさえ良ければ歓迎します」

「その部屋はどこにありますか?」

リンカーンは尋ねた。

「店の二階です。こちらの階段を上れば行けます」

リンカーンはすぐに二階に上がり、部屋を見るなり喜んで叫んだ。

「もう私の引越し荷物が全部そろってるみたいだ!」

こうしてリンカーンとスピードの素敵な友情が始まった。スピードが提供した部屋は、聖書はもちろん、法律、文学、哲学書などを好きなだけ読め、将来のために準備することができる暮らしやすい場所だった。スピードはリンカーンと多くの対話をしながら、彼が弁護士としてだけでなく政治家としての道も準備しているという事実を知った。

スピードはリンカーンのためにあらゆる助けを惜しまなかった。夜になると自分の家具店を若者たちに解放し、文学の集会や政治的な討論ができる場とした。リンカーンはそこに集まる若者たちの前で、公開演説をする機会を頻繁に持ち、人々から良い評判を得た。

リンカーンとスピードは、時間があると一緒にイリノイ州立大学を訪ね、法律学講義を聴き、自分の考えを分かち合いながら熱く討論した。

彼らの友情は、時間がたつほどさらに深くなり、互いに多くの長所を発見していった。スピードはリンカーンの誠実さと正直さを好んだ。朝早く起き、聖書を黙想して一日の日課を始めるリンカーン。弁護士として誠実に自分の仕事を準備し、助けが必要な人がいたらいつでも率先して助けるリンカーン。スピードはそんなリンカーンを尊敬し、好意を持っていた。またリンカーンは、いつも進んで周りの人に愛を与え、自分の物をすべて差し出し、友だちがうまくいくことを自分のことのように喜ぶスピードを尊敬し、好ましく思っていた。

スピードが家具店をたたみ、ケンタッキーの家族のところに戻るまで、彼らは五年近くの歳月をともに暮らし、ともに楽しみながら過ごした。リンカーンは、友人スピードとともに暮らす間、スプリングフィールドで最も注目される若い弁護士として成長しながら、政治家としての基盤もしっかりと踏み固めていった。

スピードがケンタッキーに戻ってからも、リンカーンは彼の家に三週間も泊まったことがあった。スピードの母もリンカーンに好意を持ち、本当の息子のように接してくれた。リンカーンがたつとき、スピードの母は、貴重なオックスフォード聖書をプレゼントしてくれ、彼の前途を祝福してくれた。二人はケンタッキーとスプリングフィールドとに離れている間にも、多くの手紙をやり取りし、互いに助言を惜しまなかった。

二人の友情は、リンカーンが大統領になっても変わらずに続いた。リンカーンは、スピードに会いたくなると、彼をホワイトハウスに招待し、若いころの思い出を夜通し語り合った。リンカーンにとって友人スピードと会うことは、つかの間でも大統領ではなく、普通の人に戻って自由を満喫することができる時間だった。スピードはリンカーンに平安を与える友人であり、彼と会って話すことは、過重な業務で労苦し、疲れているリンカーンに、新しい活力を吹き込んでくれた。

リンカーンは、大統領に就任している間、スピードに自分の気持ちをしたため、次ような手紙を送ったことがある。

愛する友よ！　私は君の助けを一生忘れないよ。君の助けがなかったら、私は今日、この場所に存在していないだろう！　……私は最近、聖書を読むことに没頭していて、聖書を通して多くの益を受けている。君も聖書を理解するために努力し、自分の信仰と調和させてみてはどうだろう？　そうすれば、今より素晴らしい人生を送ることができると私は確信している。私が心から願うことは、君も私のように聖書を愛する人になることだよ。

スピードは友人リンカーンの助言に従い、聖書をさらに愛し、真実なクリスチャンとして彼の残りの生涯を神にささげた。

リンカーンとスピードの友情は、まるでダビデとヨナタンの友情のようであり、清く澄んだ水彩画のようであった。彼らは互いに与えることができる一番良いものを与えようとした。そうしながらも、相手にそれに対する報いを要求しなかった。

彼らの友情は、時がたつにつれさらに深まり、富や権力に傷つけられることなく、すべての人がうらやむような、素敵な友人関係の模範となった。

ヨナタンの心はダビデの心に結びついた。ヨナタンは、自分と同じほどにダビデを愛した。…ヨナタンは、自分と同じほどにダビデを愛したので、ダビデと契約を結んだ。ヨナタンは、着ていた上着を脱いで、それをダビデに与え、自分のよろいかぶと、さらに剣、弓、帯までも彼に与えた。

第一サムエル一八・一～四

エピソード

老紳士と外套

青年リンカーンに、急いで市内に行かなければならない用事ができた。しかし彼には馬と馬車がなかった。ちょうどその時、馬車に乗って市内に向かう老紳士に会った。

「すみませんが、私の外套を市内まで持って行っていただけませんか？」

「外套を持って行くのは難しいことではないが、どうやって市内で君に会って外套を渡すことができるかね？」

「それはご心配なさらずに。私はずっとこの外套の中にいますから」

10番目のストーリー

危険な決闘

ほかの人の悪いところを話すということは、常に自分に損になるという事実を覚えていなさい。相手の良いところを話しなさい。そうすれば自分にとってもその人にとっても益になります。

A・リンカーン

アメリカの大統領就任式の時、大統領は自分が好きな聖書箇所を選び、就任宣誓をした後、聖書に口づけして神様のみことばに対する畏敬の念を表す。これは初代大統領ワシントンの時から今に至るまで続いている伝統である。

リンカーン大統領が特に好み、就任宣誓をするときに用いた聖書箇所は、マタイの福音書七章一節のみことばだった。

「さばいてはいけません。さばかれないためです」

リンカーンが、このみことばを生涯胸に刻むようになるまでには、彼の人生を大きく変える事件があった。

リンカーンは幼少時代、ひどいいたずらっこだった。彼は周囲の人をたびたび困らせた。誰かを非難する文を書いて人目に付く道端に落としては、人がその文を読んで面白がる様子を見たりしていた。

いたずらっこリンカーンの悪い習慣は、弁護士時代にも表れた。リンカーンは、いつも偉そうにしているアイルランド出身の若手政治家ジェイムス・シールズを不満に思っていた。ある日、彼を懲らしめようと決心したリンカーンは、匿名でシールズを非難する文を書き、スプリングフィールドジャーナルに載せたのだ。この文が地域新聞に掲載され、普段からシールズに不満を持っていた村の人たちは、それを読んで面白いとおなかを抱えて笑った。

投稿したのがリンカーンだと知ったシールズはとても憤慨し、リンカーンのところに行って命がけの決闘を申し込んだ。リンカーンは自分の非を謝罪し、決闘を避けようと努力したが、すでに怒りでいっぱいのシールズの心を鎮めることはできなかった。結局リンカーンは、命を失う危機に立たされてしまったのだ。たとえ自分がシールズに勝ったとしても、自分の人生に大きな汚点を残すことは火を見るより明らかだった。

リンカーンは仕方なく、シールズとの決闘のために、剣術が上手な友人に剣の使い方を詳しく教えてもらい、決闘に備えた。ついに約束の決闘の日。二人は果たし合い場所であるミシシッピ川の川辺で会った。決闘直前まで、リンカーンは互いの命を奪い合う決闘だけは避けたいと願っていた。そこでリンカーンは友人たちに仲裁を頼み、幸いシールズが彼の謝罪を受け入れたので、血を見る決闘はなくなった。

しかしこの出来事は、リンカーンの心に大きな衝撃を与えた。これによって彼は、自分の良くない習慣がどれほど多くの怒りを招くかを切実に知ったのである。リンカーンはシールズの事件を教訓とし、今後二度とほかの人を批判したり悪く言ったりせず、むしろ人をほめて建て上げる人になることを心から決心した。そして、マタイの福音書七章一節のみことばを生涯心に刻んだのだった。それからリンカーンは、妻や周りの人が人を悪く言うときはその人を弁護し、感謝しながらこのように言った。

「彼らを叱責しないでください。私たちも彼らと同じ状況に置かれたら、同じような行動をするでしょう」

主は、人の行いを喜ぶとき、その人の敵をも、その人と和らがせる。

箴言一六・七

アメリカの歴代大統領が就任式で用いた聖書箇所

ジョージ・ワシントン

「ヨセフは実を結ぶ若枝、泉のほとりの実を結ぶ若枝、その枝は垣を越える。…あなたを助けようとされるあなたの父の神により、また、あなたを祝福しようとされる全能者によって。その祝福は上よりの天の祝福、下に横たわる大いなる水の祝福、乳房と胎の祝福」（創世記49：22〜25）

エイブラハム・リンカーン

「さばいてはいけません。さばかれないためです」（マタイ7：1）

アンドリュー・ジョンソン

「王の心は**主**の手の中にあって、水の流れのようだ。みこころのままに向きを変えられる。人は自分の道はみな正しいと思う。しかし**主**は人の心の値うちをはかられる。……**主**の前では、どんな知恵も英知もはかりごとも、役に立たない。馬は戦いの日のために備えられる。しかし救いは**主**による」（箴言21章）

セオドア・ルーズベルト

「また、みことばを実行する人になりなさい。自分を欺いて、ただ聞くだけの者であってはいけません。みことばを聞いても行わない人がいるなら、その人は自分の生まれつきの顔を鏡で見る人のようです」（ヤコブ1：22〜23）

ドワイト・アイゼンハワー

「わたしの名を呼び求めているわたしの民がみずからへりくだり、祈りをささげ、わたしの顔を慕い求め、その悪い道から立ち返るなら、わたしが親しく天から聞いて、彼らの罪を赦し、彼らの地をいやそう」(第二歴代誌7：14)

リチャード・ニクソン

「主は国々の間をさばき、多くの国々の民に、判決を下す。彼らはその剣を鋤に、その槍をかまに打ち直し、国は国に向かって剣を上げず、二度と戦いのことを習わない」(イザヤ2：4)

ジミー・カーター

「主はあなたに告げられた。人よ。何が良いことなのか。**主**は何をあなたに求めておられるのか。それは、ただ公義を行い、誠実を愛し、へりくだってあなたの神とともに歩むことではないか」

(ミカ6：8)

ロナルド・レーガン

「わたしの名を呼び求めているわたしの民がみずからへりくだり、祈りをささげ、わたしの顔を慕い求め、その悪い道から立ち返るなら、わたしが親しく天から聞いて、彼らの罪を赦し、彼らの地をいやそう」(第二歴代誌7：14)

ジョージ・H・ブッシュ

「この群衆を見て、イエスは山に登り、おすわりになると、弟子たちがみもとに来た。……だから、あなたがたは、天の父が完全なように、完全でありなさい」(マタイ5章)

ビル・クリントン

「自分の肉のために蒔く者は、肉から滅びを刈り取り、御霊のために蒔く者は、御霊から永遠のいのちを刈り取るのです。善を行うのに飽いてはいけません。失望せずにいれば、時期が来て、刈り取ることになります」（ガラテヤ6：8～9）

ジョージ・W・ブッシュ

「イエスは答えて言われた。『ある人が、エルサレムからエリコへ下る道で、強盗に襲われた。強盗どもは、その人の着物をはぎ取り、なぐりつけ、半殺しにして逃げて行った。たまたま、祭司がひとり、その道を下って来たが、彼を見ると、反対側を通り過ぎて行った。… 彼は言った。『その人にあわれみをかけてやった人です。』するとイエスは言われた。『あなたも行って同じようにしなさい」（ルカ10：30～37）

バラク・オバマ

「私が子どもであったときには、子どもとして話し、子どもとして考え、子どもとして論じましたが、おとなになったときには、子どものことをやめました」（第一コリント13：11）

BIBLE

11番目のストーリー

母との約束

酒は、社会を病にするがんであり、社会を破壊しようとねらっている。

A・リンカーン

リンカーンは下院議員に在職中、妻の実家があるケンタッキー州レキシントン地域を訪問したことがある。その時、馬車に一緒に乗っていた陸軍大佐がリンカーンに冷たいウイスキーを一杯勧めた。リンカーンは丁重に断ってこう言った。

「ありがたいですが、私はウイスキーを飲みません」

すると彼は、ポケットからたばこを出して「酒を飲まないなら、たばこでも一本どうぞ！　このたばこはケンタッキーで一番良いものですよ」とリンカーンに勧めた。

「すみません。私はたばこも吸いません。なぜ私がお酒もたばこもやらないか、理由を話してもよいでしょうか？　私が九歳のときでした。ある日、母が私をベッドのそばに呼び、こう話してくれました。そのころ母は、体がとても悪かったのです。『エイブ。お医者様がお母さんは良くならないとおっしゃった。私はお前が立派な人になることを心から願い、祈ってきた。私が死ぬ前に約束を一つしてくれるかい？　一生、お酒とたばこを口にしないって』。私はその時、母にそうすると約束しました。それからずっと今まで母との約束を守ってきました。これが、私がお酒とたばこをお断りした理由なんです」

▲母ナンシーの墓

一緒に馬車に乗っていた陸軍大佐は、

幼いときの母との約束を守っているリンカーンに頭を下げて尊敬の意を表した。

リンカーンが第十六代大統領に当選したとき、喜びと感激に歓呼する支持者たちが、リンカーンの当選を祝うためにリンカーンの家に集まった。リンカーンと親しい人たちは、リンカーンがクリスチャンとして、また母との約束を守るためにお酒もたばこもたしなまないことを知っていた。しかしリンカーンの参謀たちは、今日くらいは祝賀客にワインやウイスキーを出した方がいいのではないかと提案した。これを聞いたリンカーンは、こう言った。

「私たちの家にはどんな酒もありません」

「分かっています。私たちが用意します」

「いいえ。私は、自分がしたくないことをあなたたちにしなさいと命令したくありません」

それにもかかわらず大統領当選を祝う酒がリンカーンの家に配達されると、リンカーンは丁重に感謝を述べてすべて返品した後、聴衆たちにこうあいさつをした。

「愛し尊敬する皆さん！　私は今日、ワインやウイスキーで皆さんをおもてなしできないことを申し訳なく思います。しかしこれは私の信仰スタイルであり、幼いころ交わした母との約束を守るためでもあります。今日は、私が普段ワインの代わりに愛飲していて、家族にも勧めている健康飲料を皆さんにお出ししたいと思います。この飲料水は、泉からくんできたばかりのわき水で、冷たくて健康にもとても良いのです。さあ、ともに飲みましょう！」

リンカーンは冷水を一杯飲み、彼らに最高の敬意を表した。リンカーンを祝うために集まった多くの人たちは、酒と肉の豪華な食事でのもてなしは受けなかったが、大統領の真実な信仰と慎ましさと、最後まで母との約束を守ろうとする姿に大きな感動を受けた。

このように、彼が国民から変わらぬ尊敬と信頼を受けることができたのは、小さな約束でも大切にする彼の真実な信仰のゆえであった。

ぶどう酒は、あざける者。強い酒は、騒ぐ者。これに惑わされる者は、みな知恵がない。

箴言二〇・一

12番目のストーリー

ユーモアと機転の男

私のように昼夜緊張している人が、もし笑うこともなかったら、とっくに死んでいただろう。

A・リンカーン

歴代のアメリカ大統領の中で、リンカーンとレーガンは一番卓越したユーモア感覚を持つ指導者と言われている。しかしリンカーンの機転の早さとユーモアセンスは、レーガンより勝っていた。リンカーンは、誰よりも人間の本質を深く理解し、政治的な論争をするときも、相手と対話しながらユーモアを適切に用いて人々の関心を集め、論争を有利に導いていった。

リンカーンが上院議員選挙に立候補し、ダグラス候補と戦ったときのことである。二人が合同選挙演説をした日、ダグラス候補がリンカーンの過去の経歴を問題にし、彼を非難し始めた。

「リンカーン候補は、彼が以前経営していた店で売ってはいけない酒を売っていました。これは明らかに法に背いており、このような法に背く人が上院議員に当選したら、この国の法と秩序をどうやって正しく守っていけるでしょうか？　ですからリンカーンは、決して上院議員になってはいけない人なのです」

これを聞いた聴衆はざわめき始めた。今回はリンカーンがダグラス候補の攻撃に身動きできず、ひざまずくことになるだろうと考え、皆心配そうにリンカーンを見ていた。

しかしリンカーンは少しも動じず、憤慨した様子も見せずにこのように答弁した。

「ダグラス候補が話したことは事実です。しかし、私がその店を経営していたとき、ダグラス候補は私の店で一番多くお酒を買っていた最高の顧客だったのです。しかも、私はお酒を売る場から離れて久しくなりますが、ダグラス候補は相変わらずその店の常連だそうです」

聴衆は、リンカーンの機転の利いた答弁に歓声を上げ、拍手を惜しまなかった。顔が赤くなったダグラスは、素早く話題を変え、再びリンカーンを攻撃し始めた。

「リンカーンは言葉だけの、二つの顔を持つ二重人格者です」

リンカーンは今度も慌てず、落ち着いた声で応酬した。

「ダグラス候補が私を二つの顔を持つ男であると激しく責めています。良いでしょう！彼の言うことが事実なら、皆さんによく考えてもらいましょう。もし私が二つの顔を持つ男なら、今日のような重要な日に、なぜこのような格好悪い顔で出てきたのでしょう？」

人々は皆手をたたき、おなかを抱えて笑った。このようにリンカーンは、ダグラス候補の攻撃にひるむことも感情的になることもせず、ユーモアを混ぜた機転の利いた答弁で聴衆を魅了した。むしろ相手の攻撃を逆手に取り、危機をチャンスに変えたのだった。

リンカーンが大統領在任中、七名の長官を入れ替えるようにという圧力を、上院議員から受けたことがある。そこでリンカーンは一人の長官だけを解任した。上院議員たちは当然、彼に強く抗議した。しかしリンカーンは次のように話し、彼らをなだめた。

「夜ごとにスカンクのせいでひどい目に遭っている農夫がいた。妻は毎日夫に『どうかスカンクたちを駆除してください』と頼んだ。農夫は、妻があまりに煩わすので、夜中に猟銃を持ち家の外に出て行った。どのくらいの時間がたったか、バンバンという銃声が聞こえ、しばらくして農夫が家の中に入ってきた。妻が夫に聞いた。『あなた、スカンクをみんな殺したの？』農夫が笑いながら答えた。『スカンク七匹が森の中からのそのそとやってきたので、銃で一匹を撃った。すると、残りの六匹はみんな驚いて逃げてしまったよ。スカンクを一度に全部捕まえようとすると、われわれまで危ない目に遭うかもしれないということはお前も知っているじゃないか！　残りは恐がらせて驚かせただけで十分だよ。みんな警戒するから』」

上院議員たちは、彼の言葉を聞いてうなずいた。そして残りの六名の長官たちは、自分の職務をさらに誠実に果たし、その後大きな業績を残したという。

正しい者のくちびるは多くの人を養い、愚か者は思慮がないために死ぬ。

箴言一〇・二一

13番目のストーリー

七転び八起きの信仰

私の歩みは遅いが、歩んだ道を引き返すことはない。

A・リンカーン

（上院議員選挙で落選した後に）

ある日、一人の新聞記者が、リンカーンにこんな質問をした。

「あなたの驚くべき成功と尊敬される人生の秘訣は、どこにあると考えますか？」

リンカーンは笑いながらこう答えた。

「それは、ほかの人たちより失敗を多く経験してきたおかげでしょう。私は失敗するたびに失敗の中に込められている神様のみこころを学び、それを飛石として活用してきました。サタンは、私が失敗するたびに『もうお前は終わりだ』とささやきました。しかし神様は、私が失敗するたびに『今回の失敗を教訓とし、さらに大きなことに挑戦しなさい』と言われました。私はサタンのささやきより、神様の声に耳を傾けたのです」

リンカーンの生涯には、「失敗と不幸」という文字が嫌というほどついて回った。彼は大小の選挙で、実に七回も落選の苦杯を飲まなければならず、事業でも二回失敗し、借金を返すだけでも、何と十七年の歳月がかかった。彼は、周囲の愛する人たちも数多く失った。九歳のときに母を亡くし、十九歳では姉のサラまでこの世を去った。さらに二十六歳の時には結婚を約束していた女性のアン・ラトレッジが突然不治の病でこの世を去り、四十歳と五十三歳では次男エドワード（三歳）と三男ウィリアム（十一歳）を失うという痛みを味わわなければならなかった。

彼が経験した、事業や選挙の失敗を列挙してみると、次のようになる。

一八三一年――二十二歳で事業失敗

一八三二年―二十三歳で州議会議員落選
一八三三年―二十四歳で事業失敗
一八三八年―二十九歳で議会議長職落選
一八四〇年―三十一歳で大統領選挙人落選
一八四三年―三十四歳で下院議員落選
一八五五年―四十六歳で上院議員落選
一八五六年―四十七歳で副大統領落選
一八五八年―四十九歳で上院議員落選

こうして見ると、リンカーンの人生は、政治家としても事業家としても失敗したように思える。しかしリンカーンの考えは違った。彼は、選挙であろうと事業であろうと失敗してもあきらめず、失敗という障害物を飛石に変えようとする努力を怠らなかった。まるで起き上がりこぼしのように、倒れても素早く起き上がり、自分の倒れた場所を振り返っては、失敗の原因を分析する知恵を神様に求め、次の選挙に臨んだのだ。

「私は、選挙で落選したという報告を聞くと、すぐによく行くレストランに駆け込んだ。そしておなか一杯になるまでおいしい料理を思いっきり食べた。次に理髪店に行って髪をきちんと手入れし、油もたっぷり塗った。これでだれも私を失敗した人だとは思わないだろう。なぜなら私の足取りは再び力にあふれ、私の声は雷のように力強いから」

リンカーンが進んだ道は、失敗と不幸によって数え切れないほど中断された。しかし最後まであきらめなかったので、歴史上偉大な人物たちに並び、自分の不幸と失敗を幸福の資本とする代表的な人物となることができたのだ。

リンカーンの胸の中には、倒れるたびに支え強めてくれた聖書のみことばがあった。

「神を愛する人々、すなわち、神のご計画に従って召された人々のためには、神がすべてのことを働かせて益としてくださることを、私たちは知っています」

（ローマ八・二八）

リンカーンは、このみことばを、人生に困難が訪れるたびに慰めと力を得るみことばとして愛し、失敗と不幸も、神様を愛する者にはすべてのことが働いて益となることを信じた。彼は失敗と不幸を通して、ますます謙遜になり、忍耐と強い信仰の持ち主になった。

正しい者は七たび倒れても、また起き上がるからだ。悪者はつまずいて滅びる。
箴言二四・一六

リンカーン広告

1980年２月ウォールストリートジャーナル
に掲載された公共広告

もしもあなたが、
挫折感にとらわれているなら、
こんな男のことを考えてみてほしい。

「彼は小学校に９カ月しか通えなかった。

彼は雑貨店を経営したが倒産し、

借金を返すために、17年の月日を費やした。

彼は州議会議員選挙に落選し、

上院議員選挙にも落選し、

副大統領選挙でも落選した。

彼は、自分の名前をいつも、

A．リンカーンと署名した」

14番目のストーリー

小さな巨人ダグラス

直接会って話すことは、悪い感情を解消する最善の方法である。

A・リンカーン

リンカーンとスティーブン・A・ダグラスは、政治生活三十余年の間、ライバルとして宿命的な激突を繰り広げたことで有名である。当時の彼らの論争はアメリカ中の関心を集め、『リンカーンとダグラス候補の論争』という本が出版されてベストセラーになったほどであった。二人は政界のライバルとして、また選挙での素晴らしい演説と討論で全米で注目されるようになった。彼らは、選挙中は相手候補を猛攻撃しても、選挙が終わると和解し、互いを尊重して敬うすべを知っている、度量のある政治家だった。

彼らの出会いは、リンカーンが衆議院に再選した一八三六年にさかのぼる。ダグラスは、リンカーンより四歳年下で、イリノイ州議員に当選したときから政治家の道に入った。政治経歴で言えば、リンカーンはダグラスより二年先輩だったのだが、むしろダグラスがいつもリンカーンより一歩先を行っていた。

▲スティーブン・ダグラス

リンカーンは百九十七センチメートルの長身ですらっとした体格であったが、ダグラスは百六十センチメートルの小太りな体格だったので、外見は格好良くなかった。しかし、優れた政治的感覚と演説の腕で、最年少下院議員として当選し「小さな巨人（リトルジャイアント）」という愛称をもらい、多くの人の注目を浴びた。

一八四六年リンカーンが連邦下院議員に当選し、中央舞台に進出するころ、すでにダグラスは、一八四一年イリノイ州大法院判事を経て、連邦下院議員として順調な道のりを歩んでいた。リンカーンが連邦下院の任期を終え、しばらく政界を離れてスプリングフィールドで弁護士の仕事をしている間も、ダグラスは勢いに乗って一八四七年に連邦上院議員となり、リンカーンもうらやむほどであった。

政敵として彼らの戦いが熾烈を極めたのは、一八五八年の上院議員選挙と、一八六〇年の大統領選挙のときであった。彼らの論争の核心は「奴隷制度問題をどのように取り扱うか」ということであった。当時、アメリカ社会では、奴隷制度を許容するか廃止するかという深刻な問題を抱えていたが、大部分の政治家たちは奴隷制度を取り扱うことは寝た子を起こすようなものだと、この問題を避けていた。

そのような中リンカーンは、奴隷制度反対の立場をはっきりと打ち出していた。一方ダグラスは、「カンザス・ネブラスカ法」を発表し、「奴隷制度を許すにしても禁止するにしても、これは連邦政府が決定する事項ではなく、各州の特性と状況に従って決定する事柄だ」と主張した。つまり彼の主張は、リンカーンの「奴隷制度反対」の主張を強く攻撃するものだったのだ。ダグラスは奴隷制度に反対して国が混乱するより、現状を

▲イリノイ州選挙で演説するリンカーン

維持して混乱を避け、白人たちの既得権を維持して票を得ようともくろんでいた。

しかしリンカーンは、憲法ですべての国民は平等であると示しているのに、連邦が分裂してはいけないと訴えた。またマタイの福音書十二章二十五節を引用して「内輪もめして争えば家や国は正しく建つことができない」とダグラスの奴隷政策を批判した。

二人とも奴隷制度問題を取り扱いながら、自分の政策が正しいと国民たちの支持を求めた。押しつ押されつの大論争はさらに熱くなり、国民も興味を持って彼らの演説を聞いた。しかしどちらの主張が正しいのかは簡単には決められなかった。

ついに選挙が終わり、結果はダグラスの勝利となった。全体的にはリンカーンが十二万五千四百三十票、ダグラスは十二万千六百九票で、リンカーンが三千八百二十一票上回る結果だった。しかし州議会の投票結果は予想を下回り、リンカーンが四十六席を取ったのに対し、ダグラスはリンカーンより八席多い五十四席を取ったのだ。結局リンカーンは全体投票数ではダグラスに勝ったものの、議席配分で民主党に劣り、あえなく負けたのだった。

リンカーンは選挙でダグラスに負けたことで心を痛めたが、自分の敗北を認め、ダグラスの勝利を祝った。しかし幸いなことに、リンカーンは選挙では敗北したがダグラスとの論争を通して全国的な名声を得ていた。これを機に、彼は政治的にも大きな人物として認められ、ついに共和党大統領候補に選出される機会を得たのだ。

上院議員選挙の二年後の一八六〇年、リンカーンとダグラスは大統領候補として再激戦を繰り広げることになった。リンカーンは共和党候補として、ダグラスは民主党候補として出馬し、今回も「奴隷制度」が一番大きな争点として浮上してきた。ダグラスは前回同様、白人たちの票を意識し、アメリカの独立宣言では白人たちの権利だけを保障

している と主張した。

「もしワニと黒人がいるなら、私は黒人の票を集めるだろうが、白人と黒人がいるなら、私は白人の票を集めるだろう」

しかし、リンカーンは奴隷制度に対して、自分の立場を曲げはしなかった。

「もし奴隷制度が間違っていないなら、間違っているものなど何もないのだ」

白熱した大統領選挙はリンカーンの勝利だった。選挙人の投票結果でリンカーンは圧倒的な勝利を収めた。リンカーンは百八十席、ダグラスは十二席にとどまった。

ダグラスは自分の敗北を潔く認め、リンカーンが大統領に就任するとき、最大の礼を尽くしてリンカーンを祝っただけでなく、南北戦争のときにも先頭に立ってリンカーンを助けた。

南軍の攻撃でサムター要塞が陥落し、リンカーンが義勇軍七万五千名を募集するために特別国会を召集したことがある。義勇軍を募集するためには、国会の承認を得なければならなかったからである。

リンカーンは特別国会が開かれる前、まずダグラスを訪ねて声明書草案を見せ、協力を求めた。ダグラスはリンカーンの申し出に快く応じた。ダグラスの助けは、リンカーンにとって大きな力となった。彼は義勇軍募集に反対する人たちを説得してこう叫んだ。

「私は民主党で、リンカーンに投票をせず、リンカーンが大統領になることに誰よりも反対していた者です。しかし私たちは、合衆国を守るためにリンカーン大統領を中心に団結しなければなりません。国が滅びることを傍観することはできません。このためには七万五千名どころではなく、二十万、三十万の義勇軍が必要なのです」

ダグラスは国会だけでなく、バージニア、オハイオ、イリノイの各地域を回り、国民に義勇軍の支援を呼びかけた。ダグラスの説得力ある呼びかけは、民主党員たちだけでなく、国民の心をも動かし、何と三十万名の義勇軍を募集することができたのだ。

一八六一年六月三日、ダグラスは熱病で倒れ、この世を去った。「小さな巨人」ダグラスは「論争する時と手を結ぶ時」を知っていた政治家であった。リンカーンは、彼の死を心から悲しみ、ホワイトハウスに弔旗を掲げ、国民たちに「偉大な指導者ダグラスのために三十日間弔意を表す」と公表した。また、ダグラスの死を哀悼し、彼をこのようにたたえた。

「彼は小さな政治家ではなかった。彼は党利党略を超え、国のために大きな政治を広げる、本当の『小さな巨人』であった」

リンカーンとダグラスは、政敵として熱く競い合いながらも、相手が助けを必要としているときには、その手を振り払うことなく、協力を惜しまない広い度量を備えた人たちだった。このような素晴らしい協力関係が、二人をただの政敵関係から、和解を結んだ偉大な政治家へと変えたのである。

争いを避けることは人の誉れ、愚か者はみな争いを引き起こす。

箴言二〇・三

Abraham Lincoln

3

愛と忍耐の人生

15番目のストーリー

リンカーンの妻への愛

花が育つところには、いつでも雑草が生える。私は雑草を抜き、花を育てる人になりたい。

A・リンカーン

リンカーンの妻メアリー・トッドは、ケンタッキー州の上流階級出身だった。裕福な銀行家の娘として育った彼女は、メンテル夫人が設立した私立の貴族学校で教育を受けた。彼女はおしゃれで知的、明朗でユーモア感覚にも優れていた。スプリングフィールドに住んでいた彼女の親戚も、裕福で名門の家として広く知られていた。そのためトッド家では、貧しいリンカーンとの結婚を快く承諾はしなかった。しかし彼女は、リンカーンに将来性があり、自分が今まで出会った男性の中で、一番頼れる真実な人だと家族を説得し、彼女が二十三歳、リンカーンが三十三歳のときに結婚式を挙げた。

リンカーンとメアリー・トッドの結婚生活はあらゆる面で円満で幸福であった。しかし育った家庭環境と文化の違いのため、葛藤が全くないわけではなかった。リンカーンの性格が静かで慎重な反面、メアリー・トッドは少し衝動的でせっかち、かなり神経質だった。

リンカーンが弁護士として働いていたころ、妻メアリー・トッドは、いつものように魚屋の主人にいらいらしながらヒステリックに言葉を浴びせていた。魚屋の主人はそれに対し、不快な表情をして夫であるリンカーンに抗議した。するとリンカーンは店の主人の肩に手を置き、笑いながら静かに頼んだ。

「私は十五年間我慢して今まで生きてきました。ご主人は十五分ですから、ちょっとだけ我慢してくださいよ」

ぜいたくな面があったメアリー・トッドは、衝動買いもたびたびあった。南北戦争であらゆる面で節約しなければならない時期には、大統領夫人として模範を示すどころか、高価な服を買い、ホワイトハウスの豪華な装飾のために予算を超えた品物（呼び鈴、カーテン、豪華家具、オーダーメイドのじゅうたん、壁紙など）を買い求め、世間のそしりを受けた。リンカーンも妻メアリー・トッドのぜいたくと浪費癖を指して皮肉を交えてこう忠告したことがある。

「戦争に出ている兵士たちは、毛布一枚さえなくて苦労しているのに、あなたがホワイトハウスを修理するのに二万ドル以上のお金をかけたとしたら、国民たちがどのように考えると思いますか？」

▲メアリー・トッド

しかしリンカーンは、妻が裕福な家の娘として育ったために、ぜいたくと浪費癖があることを認めて理解し、彼女の短所までをも覆って愛した優しい夫であった。

結婚初期のころ、メアリー・トッドは夫リンカーンを刺激し、励ましながら、彼の野心を育てる役割をした。しかし結婚後半期の彼女は、たびたび自制心を失い、常に襲ってくる困難を克服できず、多くの心理的な不安と苦痛に悩まされていた。リンカーンは彼女が苦しんでいるために、さらに寛容と忍耐を学ばなければならなかった。彼女は四人の男の子（ロバート、エドワード、ウィリアム、トマス）を育てながら、長男ロバートを除く三人の息子たちを失うという痛みを経験し、後には夫リンカーンまでも暗殺者の銃弾に倒れるという悲運を味わった。これによりメアリー・トッドは、情緒不安とうつ病を患いながら、残りの生涯を送らなければならなかった。

少し前に、メアリー・トッドが友人に送った自筆の手紙が発見され、大きな話題を呼んだ。そこにはこう書かれていた。

「尊敬する夫を失った事実に、今でも心が痛みます。彼の献身的な愛の中で、私は本当に幸せでした。さらに幸せな世界で夫に会えるという希望が私を支えています。私がこの世を去ったら、葬儀の司式はスウィング牧師がしてくれたらと思います。詩篇二三篇から説教をしてほしいと頼んでください。どうか私を、愛する夫のそばに葬ってください」

一八八二年七月十五日、メアリー・トッドがこの世を去ったとき、彼女の指には愛する夫リンカーンが結婚式のときにはめてくれた指輪がはめられており、その指輪には「愛は永遠なり」という美しい文が刻まれていた。

リンカーンは、ただ一人の女性だけを愛し、ありふれたスキャンダルを一度も起こさなかった。彼は、一国の大統領としてアメリカのために偉業を成し遂げただけでなく、自分にとって特別な存在である妻の幸福のために、この上もなく忍耐し、献身した夫でもあった。

私は、私の愛する方のもの。私の愛する方は私のもの。あの方はゆりの花の間で群れを飼っています。

雅歌六・三

エピソード

3個のドーナツ

ある日、リンカーンの幼い二人の息子ウォーリーとテッドがけんかをした。その声はあまりにも大きく、隣家の塀を越えるほどだった。隣のおばさんが、何か大変なことでも起きたのかと思い、やって来て尋ねた。

「家で何か問題でも起きたのかい？」

するとリンカーンは大声で笑いながらこう答えた。

「ご心配には及びません。人類の普遍的な問題が発生しただけです」

「いったいどんなことだい？」

「ええ、私がドーナツを３個買ったのですが、二人の息子たちがお互い、自分が２個食べるんだと大騒ぎしているんです。それで起きたけんかです。私が一つ食べてしまえば問題は解決しますので、何も心配なさることはありません」

16番目のストーリー

ウォーリーの死

信仰は正しいものを作り出す力だ。

A・リンカーン

リンカーンには四人の息子がいた。彼は皆を愛していたが、中でも特に三男ウォーリー（ウィリアムの愛称）がお気に入りだった。ウォーリーがほかの子どもたちより明朗で勉強ができたということもあったが、自分にそっくりだったので、無意識に愛情を感じていたのである。ウォーリーは教会学校の集まりにもよく参加し、日曜学校で聖書箇所の暗唱もよくできたので、先生たちからほめられた。自分の将来の希望を話すたびに「貧しい人々に福音を伝える立派な牧師になります」と言っては、感心されていた。

一八六二年二月、ウォーリーと弟のテッド（トマスの愛称）は、ひどい風邪にかかり、高熱で一晩中一睡もできずに苦しんだ。幸いテッドは病状が良くなり、すぐに回復したが、ウォーリーは病状がさらに悪化し、数日間うめきながら生死の間をさまよっていた。リンカーンとメアリー・トッドは、毎晩寝ずにウォーリーを看病したが、良くなる様子はなかった。ガーリー牧師もホワイトハウスを訪れ、病床に伏しているウォーリーのために祈った。しかしウォーリーは、すでに自分の死を予感したかのように、ガーリー牧師に向かって最後の力を振り絞って話した。

「牧師先生！　神様がぼくを呼んでいます。そしてお母さん、お父さん！　ぼくが今までためてきた献金を牧師先生に渡してください。多くはありませんが、日曜学校のためにぜひ使ってください。お母さん、お父さん、愛してます。愛して……ます」

ガーリー牧師とリンカーン夫妻は、ウォーリーの最期の息絶え絶えの声を聞きながら、目頭を熱くせずにはいられなかった。それからしばらくして、ウォーリーは人々に見守られながら安らかに息を引き取った。リンカーンは息子ウォーリーの死を前に、しばらくむせび泣いていたが、とうとう大声を出して泣き叫んだ。

「私の偉くてかわいい息子、牧師になって神様を喜ばせるんだと言っていた私の息子ウォーリー！　この世界で生きるにはあまりにも清過ぎると神様がお前を呼ばれたのだろう。だがお父さんはお前に会いたくてたまらない。お父さんとお母さんがお前をどれほど愛していたか知ってるだろう？　ウォーリー。愛するウォーリー！」

▲リンカーンの三男ウィリアム

リンカーン夫婦は、大声で泣き叫び、ぼうぜん自失の状態であった。リンカーン夫婦がウォーリーの死によって悲しみに暮れているといううわさを聞いたフランシス・ビントン牧師は、夫婦を慰めるため彼らのところを訪れた。

「大統領閣下。ウォーリーは天国で生きています。彼は心から神様を信じる良い子どもでした。もうこれ以上息子さんのことで悲しんだり苦しんだりなさらないでください」

「ビントン牧師。その言葉は本当ですよね？　私たちの息子ウォーリーが天国にいるというのは確かですよね」

「もちろんです。私が今話すことは、聖書に書いてあるみことばで、このみことばは、まさに救い主イエス・キリストが直接言われたことです」

「牧師先生！　ありがとうございます。私はあまりにも落胆していて、少しの間神様のみことばを忘れていました」

リンカーン夫婦は、フランシス・ビントン牧師の慰めの言葉により、明るい表情を取り戻すことができた。

主よ。今、私は何を待ち望みましょう。私の望み、それはあなたです。

詩篇三九・七

エピソード

霊的な出会い
―リンカーンについてガーリー牧師の回想

私はリンカーン大統領に、主日礼拝と水曜日の祈祷会で会う以外にも、よくホワイトハウスに招待されました。あるときリンカーンに会って帰る途中、偶然ある信徒に会ったのですが、私がホワイトハウスから出てくるのを見てこう尋ねました。

「リンカーン大統領に会われたのなら、とても特別な食事をされたのでしょう？　食後の会話は南北戦争についてで、会話の後は、戦争の勝利のためにお祈りをお願いされたのでしょう？」

しかし、彼の考えは外れていました。リンカーンとの面会は、主に早朝であったため、朝食は食べなかったこともあるし、会話の主題は南北戦争ではなく、彼の個人的な霊的問題についてでした。彼はウォーリーの死後、自分が神の前に正しく立つことを願っていたのです。

17番目のストーリー

優しい父、リンカーン

私は、私の祖父がどんな人だったのかよく知らない。それより、彼の孫がどんな人になるかが、もっと気にかかる。

A・リンカーン

リンカーンの四人の息子のうち、長男ロバートは、リンカーンが大統領になったとき、ハーバード大学に在学中で、南北戦争が勃発すると、軍に志願入隊して軍隊生活を送っていた。次男エドワードは、スプリングフィールドで幼くしてこの世を去り、三男ウォーリーと末の息子テッドだけがホワイトハウスで一緒に生活していた。

ところがホワイトハウスで生活して一年ほどたったころ、三男ウォーリーが突然亡くなり、末っ子テッドだけが大きな家に一人残った。

末っ子テッドは、兄ウォーリーの死後、父リンカーンの周りをぐるぐる回り、後ろをちょこちょことついて回った。リンカーンが執務を終えて戻ってくるのを待っては肩車をしてほしいとせがみ、たびたびリンカーンの執務室に寄っては、お父さんの膝の上に乗りたいとだだをこねた。リンカーンは幼い末っ子テッドの寂しさを理解し、彼をしっかりと抱きしめ、彼の甘えを受け止めてあげた。

幼いテッドは、父と一緒にいるときが一番幸せであり、それはリンカーンもまた同じだった。リンカーンは、本当に優しい父親であった。時間が許す限り、週末にはホワイトハウスの公園でテッドの友だちと一緒にボール遊びをしたり、本を読んであげたりした。また、幼いころ母が自分にしてくれたように、聖書の話を聞かせながら、テッドと一緒にできるだけ多くの時間を過ごそうと努力した。そして時には、テッドが退屈なホワイトハウスの生活で気を紛らせるようにと、楽しいことを準備して喜ばせた。

ある日リンカーンは、息子テッドの手に手紙を握らせ、こう言った。

「消防署に行ってこれを署長さんに渡しなさい。そうすれば、おもしろいことが待っているよ」

テッドは理由も分からないまま、消防署に行った。消防署は日ごろからテッドが行ってみたいと思っていた所で、ホワイトハウスからそう遠くない所にあった。リンカーンはテッドが消防署に行ってやってみたいことがあると知っていたのだった。手紙にはこう書いてあった。

ディック消防署長様、読んでください。

すみませんが、私の息子テッドが、消防署の皆さんがポンプで井戸の水を汲み上げるところを、いつも見たいと言っているのですが、息子に一度、見せていただけたらありがたいです。——A・リンカーン

テッドは頑固な子だったが、リンカーンは息子の心をよく分かっており、頑固なテッドの扱い方を知っていた。テッドが意地を張ってだだをこねるときも、リンカーンは息

子の気持ちをよく理解し、彼の心をすぐに変えてみせた。

ある日、テッドがひどい風邪をひいたのに薬を飲まないと言い張っていた。母メアリー・トッドは、息子の強情さに困ってどうしたらよいか分からなかった。しかし、リンカーンがテッドの部屋に入った後、テッドの態度が急に変わり、にこにこしながら薬を飲むと言うのだ。テッドの手にはメモ用紙が一枚あり、そこにはこう書かれていた。


愛する息子テッドが薬を飲んだ後、お父さんがすぐに五ドルを渡す。――約束を必ず守る正直な父　A・リンカーン

すでに二人の息子を神の国へ先に送ったリンカーンは、末の息子が要求することは、できることならすべてかなえてあげたいと願っていた。他人が見ると、そのような彼の姿はまともでないと思えるほどで、彼は息子に対して献身的で限りなく優しかった。

ある日テッドが、父リンカーンに会うために執務室の外でおしゃべりをしながら待っていた。ちょうどその時、憲兵たちが一人の兵士に手錠をかけ、引っ張っていくのが見

えた。彼の罪は、勤務中に居眠りしたというものだった。彼はこれから軍法会議にかけられ、そうなれば、監獄に入れられることは目に見えていた。

幼いテッドの目に、兵士の姿はとても哀れに見えた。テッドはその兵士に近寄ってこう言った。

「おじさん。僕の手を握って一緒に行きましょう。僕がおじさんを助けてあげるよ」

テッドが警備員たちを押しのけて執務室に入ろうとすると、警備員たちはテッドをたしなめて引き止めた。それでもテッドは頑として父に会わなければならないと言い張った。こうして執務室の外が騒がしくなると、リンカーンが外に出てきた。テッドは父リンカーンを見るなりこう叫んだ。

「お父さん、この軍人のおじさんを一度だけ助けてあげてください。おじさんがとてもかわいそうです。おじさんはとても疲れてうっかり居眠りをしてしまったのだけれど、今回だけ赦してあげたら、これからはしっかりやるでしょう。おじさんはとても悲しんでいます。とてもかわいそうです。どうかこのおじさんを一度だけ助けてあげてください。お父さん、お願いです！」

幼いテッドの懇願は効果があった。この兵士にはもう一度チャンスが与えられ、自分が勤務していた所属部隊に戻り、残りの軍隊生活を忠実に果たすことができたのだ。

リンカーンは、自分の子どもたちだけでなく、すべての子どもたちを寛大な心で愛し、困った境遇にある子どもたちの世話をし、助けを惜しまなかった。あるときは、幼い少年犯の裁判があったが、リンカーンは、「この幼い少年がアメリカ合衆国にどんな害を与えるというのですか？　今回は赦して、もう一度チャンスを与えたらどうでしょうか？」と善処を求めたりもした。

リンカーンは、政治家である前に「優しいお父さん、良いおじさん」と呼ばれていた。リン

▲テッドと時間を過ごすリンカーン

カーンは、政治家として偉大なことをした以上に「普通の優しい父、良いおじさん」の役割を果たしていたために、さらに偉大な人物になれたのではないかと思う。

わたしのものはみなあなたのもの、あなたのものはわたしのものです。そして、わたしは彼らによって栄光を受けました。

ヨハネ一七・一〇

リンカーンからの手紙

Letter from Lincoln

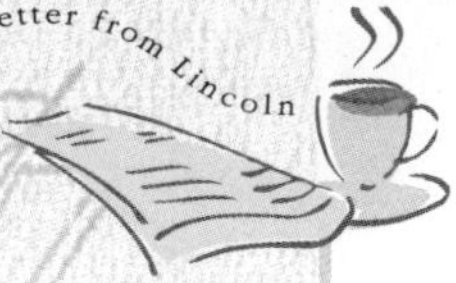

戦いの前線にいる息子ロバートへ

愛する息子ロバート！

その慌《あわただ》しい戦場から、時折届くお前の手紙を、私とお母さんは何度も繰り返し読み返している。お前は送ってくる手紙でいつも私の健康を心配しているが、あまり心配するな。お父さんは元気でやっているから。私は、忙しければ忙しいほど新しい力が泉のようにあふれてくるようだ。その力は、神様が正義のために戦えと私に下さった力だと思う。

私たちは皆、正義のために戦っている。私は、雄々しく戦場に出て行く兵士たちの姿を見るたびに、感激の涙を抑えることができず、戦場で死んでいく兵士たちの家族を思うと胸が引き裂かれる痛みを感じる。

ロバート！　今朝も息子三人を戦場に送り、残酷にも三人とも命を失ったという悲報を受けた一人の父親がホワイトハウスを訪ねてきた。

昨日は、兄が戦いでひどい傷を負ったという知らせを受け、看護するために遠い田舎から出てきた娘さんもいた。

このような苦しみを受けた人たちが一日にどれだけたくさん私を訪ねてくるか、数えることができない……。

私の愛する息子ロバート！

お父さんは大統領として国の仕事を任されていることより、私の息子であるお前が軍人として戦場に出ていることの方が誇らしい。勇敢に戦いなさい。危険なところには他の人よりも先に行き、安全なところには友人を送りなさい。気の毒な友人たちの命を、自分の命よりも大切にすることを願う。

私は、お前が臆病者でないと知っている。そしてお父さんの名誉を傷つけたりしない、誇らしい息子であると信じている。

勇敢な私の息子ロバート！

今は私たち北軍の状況はそれほど良いものではない。しかし、神様は必ず正しい者を助けてくださるということをお父さんは固く信じる。

それに、北軍のグラント将軍は名将だから、必ず勝利すると信じている。私たちが日々待ち望んでいる勝利の日が来れば、この大陸には平和の光が満ちあふれ、黒人と白人がともに一人の母が産んだ本当の兄弟のように、真実な心で手を取り合って喜ぶだろう。

ロバート！　勇敢に戦いなさい。二週間後には私も前線を視察するためにたつだろう。その時会えるのを楽しみにしている。

お母さんと弟は変わりはないから、家のことで余計な心配をせず、敵陣に向かって突撃することにだけ没頭しなさい。そして私の息子らしく、大統領の息子らしく、兵士たちの模範となりなさい。それが、お父さんが願う一番大きな希望だ。

愛する息子ロバート!
健康で正義のために勇敢に戦う軍人となるよう望む。そのために、私とお前のお母さんは、神様に一生懸命祈っている。
終わりに、グラント将軍と友人たちによろしく伝えておくれ。

愛する父より

＊この手紙は、長男ロバートが戦争中に軍に入隊しているとき、リンカーンが送った手紙である。一人の父親としての、息子に対する温かい愛にあふれている。

18番目のストーリー

リンカーンのあごひげ

不幸な人の特徴は、それが不幸であると分かっていてもその方向に進み続けてしまうことだ。私たちの前には、不幸と幸福の二通りの道がいつも置かれている。私たちは、毎日二つの道のうち、一つの道を選ぶようになっている。

A・リンカーン

ある日、ニューヨーク州のウェストフィールドに住む、グレース・ベデルという十一歳になる少女が、母親と一緒に村の広場で共和党の大統領候補となったリンカーンが演説する光景を見守っていた。グレースは、リンカーンの演説を聞きながら、母親に尋ねた。

「お母さん、あの人は誰？　演説も上手で、立派な人のように見えるけど」

「そうよ。南部に奴隷がいることはお前も知っているでしょう？　そのかわいそうな黒人奴隷たちを解放しようとしている立派な人だよ。でも、とてもやせていてほお骨が出ているから、冷たい感じがするね。ひげでも生やしたら、温かく見えて人々に好感を与えると思うんだけどねぇ……」

▲グレース・ベデル

「ほんと、そうね。お母さん、あの方は立派な方のようだけど、見た目があまり良くないわ。お母さん、どうしたらあの方の力になれるかしら」
「そうね、お前が手紙を書いて、あの方があごひげを生やすように勧めたらどうだい？」
グレースは、喜んでその晩すぐに手紙を一通書いて、リンカーンに送った。少女の手紙はこのような内容だった。
「リンカーンおじさん。私はおじさんのことがとても好きで、おじさんがぜひ大統領に当選することを願うグレース・ベデルという者です。このようなことを言っては失礼かもしれませんが、おじさんのお顔は、ほお骨が出てとがっているので、私たちの町の婦人たちは、おじさんのお顔があまりかっこ良くないと言っています。だから、こうしてはどうかしら？　これは、私の考えですけど……、もしおじさんがあごひげを生やしたら、もう少し温かい印象を与え、人々が親近感を持つと思います。そうしたら、間違いなく婦人たちが、おじさんを大統領に選ぶようにと夫たちに頼むでしょう。私のお母さんも、隣のおばさんもそう言っています……」

大統領選挙準備で忙しい毎日を送っていたリンカーンは、少女の手紙を受け取ると、すぐに返事を書いて送った。

「親愛なるグレース・ベデル。親切な手紙をありがとう。私には息子だけで娘はいないが、グレースの手紙をもらい、まるで本当の娘に手紙をもらったようでうれしかったよ。しかし、私があごひげを生やしたら、人々は笑ってからかわないだろうか？　でもグレースの忠告を、一度よく考えてみるよ……」

一八六一年二月、大統領に当選したリンカーンは、列車に乗ってワシントンに向かっていた。その途中しばらくウェストフィールド駅に停車した。リンカーンが汽車を降りると、大勢の人が熱狂的に彼にエールを送った。彼は参謀たちに言った。

「ここに、私と手紙をやり取りした少女がいます。もしその少女がここにいるなら、ぜひ会いたいのです。その少女の名前は、グレース・ベデルです。その子が、ひげを生やしたらもっと見栄えが良くなるというので、このようにひげを生やすことにしたんです！」

ちょうど、リンカーンを歓迎するために来たグレース・ベデルが見つかり、彼女は両親に手を引かれてリンカーンの前に出て行った。

「おめでとうございます。リンカーン大統領おじさん！」

グレースは、先にうれしそうにあいさつをした。

「君がグレース・ベデルだね！　心がきれいなだけでなく、とてもかわいいね。君の忠告通りにおじさんはひげを生やし、大統領に当選したよ。本当にありがとう」

リンカーンはかがんでグレースを高く抱き上げ、彼女の両ほおにくちづけをした。

「リンカーンおじさん。おひげのせいでくすぐったいわ！」

グレースは体をすくめて、はにかみながら笑った。

幼い子どもの言葉にも耳を傾けたリンカーンは、あごひげのおかげで人々に親近感を持たれ、慈しみ深く温かな印象で、さらに多くの人の好感を受けた。これ以降、リンカーンのあごひげは、生涯彼のトレードマークとなった。


しかしイエスは、幼子たちを呼び寄せて、こう言われた。「子どもたちをわたしのところに来させなさい。止めてはいけません。神の国は、このような者たちのものです。

ルカ一八・一六

エピソード

長い足、短い足

一度、ホワイトハウスの秘書室の人たちの間で、どんな足が見栄えが良いかという話が出た。背が高い人たちは、長い足が良いと言い張り、背が低い人たちは、ぽっちゃりとして短い足が良いと言い張った。その時、ちょうどリンカーン大統領が秘書室に入ってきた。足の長い秘書が、背の高いリンカーンは自分に味方してくれるだろうと思い、いち早く彼に聞いた。「大統領閣下。人の足は長いほうが見栄えが良いですか？　それとも短いほうが良いですか？」リンカーンは笑いながら、こう答えた。「人の足は、お尻にくっついていて、先が地面にくっついていれば、どれも見栄えがいいだろう」

19番目のストーリー

父は靴の芸術家

立派な人になろうと決心する人は、ささいなことに関する言い争いで時間を浪費しない。小さな問題は大きく譲歩しなさい。

A・リンカーン

リンカーンの家系は、一六三七年、イギリスから移民してきた平凡なクリスチャン家庭であった。彼の父トーマス・リンカーンは、初めは主に農作業をしていたが、後に靴の修理職人として働いた。彼には靴を作る才能があり、上院議員たちも彼の常連客になるほどだった。

父がこの世を去り、リンカーンが大統領に当選したとき、上院議員たちは靴の修理職人であるトーマス・リンカーンの息子エイブラハム・リンカーンが大統領になった事実に衝撃を受けた。彼らの大部分が名門貴族出身である上に、高学歴だったからだ。一方リンカーンは、名門大学どころか小学校も卒業できず、家柄も貧しかったので、そんな彼の下で働くことをとても不快に思う人たちもいた。

リンカーンが大統領に当選して初めて上院議員たちの前で就任演説をしたときのことである。リンカーンが演説を始めようとすると、偉ぶった一人の上院議員が立ち上がり、リンカーンを嘲弄《ちょうろう》してこう言った。

「あなたが大統領になるとは、本当に驚きましたね。けれどあなたの父親が靴の修理職人であったという事実を忘れないでくださいよ。時折あなたの父親が私たちの家に靴を作りにやって来て、今私が履いている靴も、あなたの父親が作ったものです。今までこんな暮らし向きの悪い身分で大統領に当選した人は、おそらくアメリカ史上前例のないことでしょう」

彼が話し終わるや否や、あちこちでくすくすとリンカーンをあざ笑う声が聞こえてきた。リンカーンは目を閉じ、何か考えているかのように何も話さなかった。しばらくの間、議事堂内に重い沈黙が流れた。リンカーンの目には涙がたまっていた。しかし、その涙は悔しさの涙ではなかった。彼の姿は堂々としていて、少しもひるんではいなかった。しばらくして、リンカーンはこの上院議員に向かってこう言った。

「ありがとうございます、議員殿！　しばらく忘れていた父の顔を思い出させてくださって感謝します。私の父は、完璧な技術を持つ靴の修理職人でした。私は父の技術を習おうと努力しましたが、父の実力をしのぐことはできませんでした。この場にいらっしゃる方の中で、私の父が作った靴を履いている方がいらっしゃると思います。そういったことはないと思いますが、万が一、靴に問題がありましたら、いつでも私に話してくだ

▲リンカーンの父、
トーマス・リンカーン

さい。私が父のそばで学んだ技術で手入れいたします。しかし、あまり期待はしないでください。なぜなら、私の技術は父とは比較にならないからです。父は『靴の芸術家』でした。私は誇らしい父の息子であり、今も父を尊敬しています」

リンカーンは、自分を嘲弄し、あざ笑う上院議員の無礼な攻撃を受けても、全く不快な感情を表さず、温和な言葉で受け答えした。リンカーンの言葉に、上院議員たちは返す言葉がなかった。

リンカーンは、学校にも行けず、経済的にも恵まれなかったが、それを両親のせいにしたり恨んだりしたことはなかった。たとえ、父が世の人々から見て卑しい職業である靴の修理職人であったとしても、彼は父が立派な技術を持つ「靴の芸術家」であると誇りに思った。彼のこの一言で、その場に集まっていたすべての人々が、リンカーンの父に尊敬を抱くようになったのだ。

知恵のある子は父を喜ばせ、愚かな子は母の悲しみである。

箴言一〇・一

エピソード

靴を磨く大統領

リンカーンは、大統領になっても以前と変わらず、いつも簡素な生活をしていた。また毎朝早く起き、自分の靴を自分で磨く習慣も持っていた。

ある日、リンカーンが腰をかがめて靴を磨いている姿を若い秘書が見て恐縮し、困り果てて言った。「大統領閣下！　閣下が靴をご自分で磨くとは、どうしたことでしょう？　そのようなことは、私たちがします」

リンカーンは笑いながら若い秘書にこう言った。「自分の靴を自分の手で磨くのに、何か不都合でもあるかい？　人々は靴磨きを卑しい仕事と考えているようだが、すべての仕事に貴いも卑しいもないよ。大統領という職業は貴く、他の仕事は卑しいと考えることは間違っている。それに大統領が靴を磨いているのではなく、靴磨きが大統領になったんだ。心配せず、自分の仕事をしたまえ！」そう言ってリンカーンは、若いころから身についている、なれた手つきで、靴をきれいに磨き上げた。

20番目のストーリー

サプライズ・プレゼント

私に願いがあるとしたら、私がいるゆえに、この世界がもっと良くなったのを見ることだ。

A・リンカーン

リンカーンの大統領任期中、ホワイトハウスの隣には、小中学生がともに通うきれいな学校があった。その学校の生徒たちは、主に暮らし向きの良い、高位公職者の子どもたちだった。リンカーンは時折、ホワイトハウスの窓際に立ち、子どもたちが運動場で走り回っている姿を眺めて楽しんでいた。

ある日、窓のすき間から、子どもたちのざわめき声が聞こえてきた。リンカーンがそっと窓の外を見ると、一人の子どもが、何人かの子どもたちに囲まれて泣いており、子どもたちはおもしろがって大声でその子をからかっていた。

「毎日汚れた服を着て、靴も汚いのを履いて来る、貧乏人だ！」

先生は子どもたちにきれいな服装をし、靴はぴかぴかにつやを出してきなさいと指示していたが、貧しい少年の靴はとても古く、どう頑張ってもぴかぴかにならないようだった。その少年の父親は、南北戦争に従軍して命を失い、母親は子どもたちを食べさせるために、他人の家の掃除をしたりして家族を養っていた。

少年の気の毒な身の上を知ったリンカーンは、心がとても痛んだ。そこでこの少年にサプライズ・プレゼントをしようと決めた。明くる日、少年の家に素敵な包みの贈り物が一つ届けられた。その中には、家族に必要な食料品などがたくさん詰まっており、少年のための素敵な新しい服と新しい靴がきれいに包装されていた。

次の日、少年がぴかぴかの靴と、新しい服を着て学校に行くと、友人たちは目を丸くして不思議そうに少年を見ていた。さらに驚いたことに、何とリンカーン大統領が教室に現れた。リンカーン大統領は、黒板に大きな字でこのように書いた。

「最も小さい者たちのひとりにしたのは、わたしにしたのです」

高貴な人の好意を求める者は多く、だれでも贈り物をしてくれる人の友となる。

箴言一九・六

Abraham Lincoln

4

神に頼る偉大な指導者

リンカーンと南北戦争
「断食祈祷の日」布告
出さなかった手紙
奴隷たちの父
ストウ夫人との出会い
統一大統領
敵を友人にする能力
寛容の達人
謙遜のリーダーシップ
リンカーンとムーディーの同労
祈る大統領
収穫感謝祭の復活

21番目のストーリー

リンカーンと南北戦争

私が戦うのは、勝利のためではなく、真理を守るためである。

A・リンカーン

一八六〇年代、アメリカの北部と南部は互いに利害関係が一致していなかった。北部は商工業を中心に民主主義が発達し、大部分が奴隷制度に対して反対の立場を表明していたが、南部は綿花栽培を中心に広大な農場を営んでいたため、奴隷制度を擁護していた。

このような状況の中で、奴隷制度に反対するリンカーンが大統領に選出されると、奴隷制度の存続を強く主張する南部の七州（アラバマ、フロリダ、ジョージア、ルイジアナ、ミシシッピ、サウスカロライナ、テキサス）は、彼が大統領に就任する前の一八六一年二月八日、アラバマ州モンゴメリー市に集まり南部連合を結成した。そして、ミシシッピ出身のジェファーソン・デイヴィスを新しい大統領に選出し、公式的にアメリカ合衆国から脱退することを宣言した。

このような状況の中、リンカーンは一八六一年三月四日、アメリカの十六代大統領として就任した。リンカーンは就任と同時に「どの州も、アメリカ合衆国から分離したり脱退したりする権利はない」と宣言することによって、南部七州の分離を認めなかった。結局南部連合は、リンカーンが就任して一カ月しかたっていない一八六一年四月一二日明け方を期に、サウスカロライナ州のチャールストン港にあるサムター要塞を攻撃した。これにより南北戦争が始まった。

戦争が始まる直前まで、決定的な態度を保留にしていた南部と北部の境界州と呼ばれる七州の中で、奴隷制度を擁護していた四州（バージニア、ノースカロライナ、テネシー、アーカンソー）が南部連合に加入し、南部連合側は合わせて十一州に増えた。

南部連合は、サムター要塞攻撃の成功に力を得、戦争を一気に勝利に導くために、合衆国の首都ワシントンを目標に進軍した。三カ月後、北軍と南軍はブル・ラン川の周辺でにらみ合い、熾烈な戦闘を繰り広げた。この戦いによって、両軍とも戦争が簡単に終わらないことを覚悟した。リンカーンは、即刻南部海岸線の海上封鎖命令を出し、志願兵を募集して南軍の攻撃に立ち向かった。サムター要塞とワシントン攻撃事件の後、北部でも南部の首都リッチモンドを攻撃せよという世論が日増しに強くなっていった。ついに北軍の将軍マクレラン率いる部隊が海路を利用し、リッチモンド付近までたどり着いた。しかし南軍の有名な名将ロバート・リーの秀でた判断力と用意周到な作戦により、北軍は「七日間の戦

▲ロバート・リー将軍

い」で撃退された。それだけでなく、リー将軍をはじめとする有能な指揮官を持つ南軍は、北軍を攻略し、窮地に陥れた。

当時北部の人口は南部と比べて三倍も多く、軍事力も優勢で、工場が多いため、武器の生産量も勝っていた。しかし戦争の序盤は有能な指揮官が不足していたため、情勢は常に不利に進行した。当時、一番有能な指揮官として知られていたジェファーソン・デイヴィスをはじめとして、名将ロバート・リー、ストーンウォール・ジャクソン、ジェフ・スチュアートなど、強力な指揮官たちは皆、南部連合を率いていた。

北軍は、有能な指揮官の不足と兵士たちの戦闘経験不足のため、戦いに負け続け、ついに首都ワシントン防衛線まで退却することになってしまった。このような状況下で、北部の世論は分かれ、人々はそれぞれ自分の利害関係によって戦争に対する考えを主張した。「われわれは平和を願う。南部を認め、無条件で南部と妥協すること。われわれはアメリカ連邦を望む。奴隷制度廃止はわれわれにはかかわりのないことだ」などの声も多かったが、「奴隷制度廃止が優先だ。合衆国を維持することは、その次である」という反対の立場も強かった。

リンカーンは、分裂した民の心を一つにし、さらにほかの州が脱退することを防ぎ、極端に走ろうとする人々の意見に引きずられることなく均衡を保つことが何より重要だと考え、戦争に対する神様の助けと知恵を強く求めた。

ついに北軍は、待ち望んでいた初勝利を一八六二年九月一七日、メリーランド州のアンティータムの戦いで勝ち取った。リンカーンは、待ち望んでいた勝利の知らせを受け、その場所を訪問し、兵士たち一人一人と握手をして彼らの士気を高めた。そのとき、横にいた一人の参謀が言った。

「大統領閣下！　これからは何も心配なさらないでください。神様は、私たち北軍の味方です」

これを聞いたリンカーンは言った。

▲アンティータムの戦場でのリンカーン（中央）、右側はマクレラン将軍

「ただ私の心配は、私が神様の側に立っているかということだ。私たちが神様の側に立ってさえすれば、いつでも神様は私たちの味方となってくださるだろう。神様は、聖書のダビデを通して、私にその事実を悟らせてくださった」

実際にリンカーンは聖書を黙想し、ダビデの詩を読んでその事実を悟ったのである。彼は、ダビデのようにどんな困難な状況にあっても神の側に立つことを願い、神の喜びとなることを願った。そうすれば、神が彼の人生のすべてに責任を負ってくださると固く信じていたためである。

リンカーンは、日々謙遜にみことばを黙想し、祈りながら自分を神様に従わせていた。神様はそのようなリンカーンの心を知っておられ、彼の心を受け取られ、彼の味方になってくださったのである。

彼は、兵士たちとともに行軍し、彼らの悩みを聞き、激励の言葉も忘れなかった。

「この勝利は始まりにすぎません。これから神様は、これよりもっと大きな勝利を下さるでしょう。神様がこの国を守ってくださり、必ず皆さんを祝福してくださいます」

リンカーンは、戦局が好転した一八六三年一月一日を機に、合衆国のすべての奴隷たちに「今日より、すべての奴隷たちは、永遠に自由になる」と奴隷解放を宣言した。奴隷解放宣言で、四百万人にも上る黒人奴隷たちは自由を得、彼らは北軍の軍隊に志願入隊して南部軍と戦った。こうして戦況は北軍に有利になっていき、南部の農場は奴隷たちの離脱で崩壊し、南軍の志気はどんどん落ちていった。

▲北軍の勝利の場面

南軍のリー将軍は、一八六三年七月一日、北部ペンシルベニア州のゲティスバーグ地域に進撃し、戦況を挽回しようとした。南北戦争で最大の激戦として知られるゲティスバーグの戦いは、北軍のミード将軍と南軍のリー将軍の一進一退の大接戦になった。死傷者およそ四万三千人（北軍二万人、南軍二万三千人）の悲惨な戦いであった。リンカーンは、ゲティスバーグの戦いの惨状を見た後、神様にひざまずいて祈った。

「全能の父なる神様。この戦争はあなたの戦争で、私はあなたのみこころに従うことを望みます。あなたの若者たちが、無残に死んでいっています。彼らを守り、私たちがこの戦争で勝利できるよう助けてくだされば、私は生涯神様のためにこの人生をおささげすると約束します」

リンカーンの祈り通り、七月四日、ついにリー将軍は北軍に押されてバージニアへと退却した。ゲティスバーグの戦いで勝利を収めた北軍は優勢に立ち、残りの戦いでも勝利を収めた。リンカーンは、ゲティスバーグ激戦地を国立墓地に指定し、戦死者をとむらった。そのあとすぐに、リンカーンはこのゲティスバーグで「人民の、人民による、人民のための政治」という名演説をし、世界民主政治の礎石を築いた。

ゲティスバーグの戦いの後、ユリシーズ・S・グラント将軍（後の第十八代大統領）は、軍事の要所であるミシシッピ川の重要な港であるビックスバーグ要塞を陥落させた。また、その年の秋、シャーマン将軍は、険しい山岳地のチャタヌーガの戦いで勝利を収め、再びアトランタを占領し、続いて大西洋に向かって進撃し、一二月二〇日にはついに海岸都市サバンナまで陥落させた。その後、彼はリンカーンに次のような知らせを送った。

大統領閣下。美しい海岸都市サバンナをクリスマスプレゼントとしてささげます。――シャーマン

リンカーンはシャーマン将軍の電報に返事をした。

尊敬するシャーマン将軍。私に送ってくださるクリスマスプレゼント、サバンナを占領したという知らせに深い感謝をささげます。すべての戦いの成功と栄誉は皆、あなたのものです。あなたは、暗やみの中にいた人たちに、大きな光を照らしました。あなたの部隊の兵士たちに感謝の言葉を伝えてください。

――A・リンカーン

北軍が、南部の一番重要な港湾都市ニューオーリンズとモービル港の海戦で勝利を収めると、南軍はそれ以上力を振るうことができなくなった。

北軍はグラント将軍の指揮のもと最後の大攻勢を開始し、南部のリー将軍が抗戦していたバージニア州の首都リッチモンドとピーターズバーグを包囲した。そして九カ月後の一八六五年四月、南軍の降伏を受け、四年間続いた戦争が終結した。

南北戦争による人命被害は甚大で、北部の兵士二百万名のうち戦死者がおよそ三十六万名、南部の兵士も六十五万名のうち二十五万名が命を落とした。

リンカーンは、戦争に勝利することによってアメリカ合衆国の分裂を防ぎ、奴隷制度を廃止することによって、黒人たちに本当の自由を与えた。彼の勝利は分裂した国の統一だけではなく、黒人と白人、奴隷と主人に分けられていた人々の分裂を一つにする、本当の意味での統一であった。リンカーンの南北戦争勝利後、アメリカ合衆国は西部開拓が活発になり、商工業の発達で豊かな国としての基礎を固めた。

主の前では、どんな知恵も英知もはかりごとも、役に立たない。馬は戦いの日のために備えられる。しかし救いは主による。

箴言二一・三〇～三一

リンカーンからの手紙

Letter from Lincoln

ボストンのビクスビー夫人へ

親愛なる夫人！

私は、夫人の五人のご子息が戦地で誇らしく戦死したというマサチューセッツ州副司令官の報告書を、国防省の書類で見ました。どんな言葉をもってしても、五人のご子息を亡くした大きな悲しみを慰めることはできないでしょう。

しかし私は、ご子息たちがこの国を救うために勇敢に命をささげたことに対し、感謝と慰めの言葉を伝えずにはいられません。私は、私たちの父なる神様に心から祈っています。

亡くなったご子息に対する夫人の憤りに主が触れてくださり、ただ愛しいご子息に対する大切な記憶だけが残りますように。

ご子息が、自由という祭壇にささげた尊い犠牲こそ、大きな価値のあるものです。この誇りが夫人の心の奥に残るようにと祈ります。

あなたの五人のご子息に心からの敬意を表して……。

一八六四年一一月二一日　A・リンカーン

＊この手紙は、南北戦争で五人の息子を一度に亡くしたある夫人に、リンカーンが送った慰労の手紙である。五人の息子たちをすべて失い、失意に陥っている母を慰めるリンカーンの温かく細やかな心遣いが胸に迫る。

22番目のストーリー

「断食祈祷の日」布告

私は、苦難のたびにひざまずいて祈る。すると不思議なことに、私が思いもしなかった知恵が浮かんでくる。

A・リンカーン

エイブラハム・リンカーンが偉大な神の人であり、信仰の指導者であったということを立証する事例を一つ挙げるとすれば、「断食祈祷の日」の布告である。リンカーンは、国が困難に陥っているとき、すべての国民とともに断食して祈ったのだ。

国を挙げての「断食祈祷の日」が布告される前、リンカーンが率いていた北軍（連邦軍）には、戦いを責任を持って指揮する有能な将軍がおらず、戦況がずっと不利であった。

北軍と南軍の血なまぐさい熾烈な戦いが繰り広げられている間、リンカーンは神に祈ることを怠らなかった。彼は祈りの中で、危機に陥っている国を助けるためには、一人だけで祈るのではなく、すべての国民がともに断食して祈らなければならないと考えた。奴隷たちが解放されて南北が一つになる働きは、リンカーン自身だけの働きではなく、すべての国民がともに力を合わせてこそ成せるわざであると悟っていたためである。

祈りの中でリンカーンは、南部が主張する奴隷制度と、アメリカが南北に分かれているという事実は、決して神様が喜ぶことではないという確信を持つようになった。そこでリンカーンは、一八六三年四月三〇日の木曜日を「断食祈祷の日」と定め、すべての国民に、ともに断食して祈ることを呼びかけた。

「国のために断食して祈ることは、神様を信じるクリスチャンだけでなく、国を愛するすべての国民の義務であると考えます。私たちの罪と過ちを謙遜に告白し、心から悔い改めるなら、私たちは皆神のあわれみと赦しを再び経験するでしょう。

私たちは、神に心から仕える国だけが祝福を受けるという尊い真理を悟っており、これは歴史が証明している事実です。今私たちの国を荒廃させている南北戦争の悲劇は、私たちの恥ずべき罪に対する神の罰であり、また国家的改革が必要だという神からのしるしです。

私たちは、これまで続いてきた成功にあまりにも陶酔し、何も不足を感じないほど高慢になっていました。ですから私たちは皆、私たちを創造された神に祈ることさえしませんでした。今私たちは、怒っておられる神の前に立ち返り、身を低くし、国としての罪を告白して、神のあわれみと赦しを請わなければなりません」

リンカーンの「断食祈祷の日」布告により、国民は教会や家庭や職場で一日断食しながら、神様に自分たちの罪と国の罪を告白し、赦しを願った。そして血なまぐさい南北戦争が、神の正しい御手によって、一番良い方法で一日も早く解決するよう祈った。

全国民による断食祈祷が終わった後、リンカーンは、ジョージ・G・ミード将軍を司令官として立て、ゲティスバーグの戦いが始まった。リンカーンは、ゲティスバーグの戦いが繰り広げられている間も、神に祈ることをやめなかった。

私は部屋のドアを閉めて、全能の神様にひざまずき、ゲティスバーグの戦いに勝利させてくださいと祈っています。

私はこの戦争が神の戦いであると告白し、私たちが皆、神のみこころに従えるようにと祈っています。そして、罪もなく死んでいく若者たちを守ってくださるようにと強く祈っています。また、どんな状況でも神のみこころに最後まで従うことを固く約束します。

……祈りが終わると、私の心は言いようもなく平安になり、神が私のすべての祈りを受け入れてくださり、ゲティスバーグの戦いですべてがうまくいくという確信を頂きました。

リンカーンが祈り終えて間もなく、ミード司令官からのメッセージが到着した。

ゲティスバーグで戦っているすべての敵を撃退しました。——ミード

北軍のゲティスバーグでの勝利は、南軍に致命的な損害を与えた。それとともに、その後の戦いの結果も北軍に優位になってきた。ついに南軍のロバート・リー将軍は、北軍の総司令官グラント将軍に降伏宣言をした。リンカーンと北軍はもちろん、全国民は勝利を下さった神様に感謝をささげた。喜びにあふれたリンカーンは、閣僚たちにこう言った。

「私は、神様が私たちに勝利をもたらしてくださると知っていた。神様に祈っているうちに、その確信が与えられたから」

リンカーンは、国民とともに断食と祈りをすることを通して、アメリカが二つ（南部

同盟十一州と北部同盟二十二州）に分かれる危機を救った大統領となり、奴隷たちに解放を与え、奴隷たちの父となった。
神様は、リンカーンが神を全面的に信頼し、国民とともに断食し、祈ったことを尊く思われ、彼の祈りに答えてくださり、彼を偉大な神の人として高く立てられた。

わたしの好む断食は、これではないか。悪のきずなを解き、くびきのなわめをほどき、しいたげられた者たちを自由の身とし、すべてのくびきを砕くことではないか。…そのとき、あなたが呼ぶと、主は答え、あなたが叫ぶと、「わたしはここにいる」と仰せられる。

イザヤ五八・六、九

エピソード

勝利感謝宣言文発表

国を挙げての「断食祈祷の日」の後、激戦地だったゲティスバーグの戦いに続き、ビックスバーグの戦いでも勝利した連邦軍と北部地域の住民たちは歓喜し、教会は神に感謝礼拝をささげた。リンカーンも勝利を下さった神に感謝し、国民を代表して大統領の名で1863年7月15日、「勝利感謝宣言文」を発表した。

「全能の父なる神様。苦しみを受けたすべての人の願いと祈りに耳を傾けてくださり、陸地と海での戦いに勝利を与えてくださり感謝します。私たちの勝利を通し、アメリカ連邦が維持され、アメリカ合衆国の憲法が守られ、国民すべての平和と繁栄が永遠に回復されるという確信を神様が見せてくださったと信じます。
私たちは、この勝利を下さった全能の父なる神様の助けの御手と、主の権能を認め、感謝の告白をささげます」

23番目のストーリー

出さなかった手紙

真実は明らかになるものだ。だまそうとし、隠そうとしても必ず明らかになる。
A・リンカーン

一八六三年七月一日から四日まで、ペンシルベニア州のゲティスバーグ地域では、南軍と北軍が一番激しい戦いを繰り広げた。四日の晩、リー将軍率いる南軍の兵士たちは、北軍に押され、降り始めた豪雨の中でポトマック川の川辺に退却した。しかし川の水は降り注ぐ雨で氾濫し、とうてい渡ることはできなかった。

北軍が続けて追撃すれば、リー将軍の部隊は壊滅する寸前まできていた。リンカーンはこれを、戦争を早く終結させる絶好の機会と考え、「徹底的に追撃し、戦いを勝利に導け」という電報を打った。この命令は迅速にミード将軍に伝えられ、特使まで派遣し、直ちに攻撃を開始するように催促した。

しかしミード将軍は南軍を攻撃せず、作戦会議を開いて時間をかけてしまったため、川の水が引いてリー将軍の部隊は無事に川を渡ってしまったのだ。

リンカーンはこの知らせを聞いてひどく憤慨した。

「なに⁉　袋のねずみをそのまま逃がしたのか！　われわれの部隊がもう少し早く手を打っていたら、戦争は終結できたのに。こんな絶好の機会を無駄にするとは、いったい……」

自分の命令に逆らい、勝利の機会を逃したミード将軍に、リンカーンは言いようのない失望感と怒りに駆られ、一通の手紙を書いた。

ミード将軍！

私は、南軍総司令官リー将軍の脱出によってこれから起こるであろう不幸な事態の重大さを、あなたが正しく認識しているとは考えられません。南軍は確かに袋のねずみでした。

あなたがあの時、追撃してさえいれば、このところわれわれが手にしていた勝利とともに、戦争が終結していたことは明らかです。このような良い機会を逃してしまった今、戦争の終結を期待することは難しくなりました。

将軍が、去る月曜日に南軍を追撃したならとても賢明であったでしょう。しかし、それを行わなかったので、南軍が川を渡ってしまった今となっては、彼らを追撃することは不可能です。

私はこれから、将軍の活躍を期待することは無理だと考えます。将軍が神様の下さった絶好の機会を逃してしまったからです。この件を通して私は今、想像もできないほどの苦痛に陥っています。

——A・リンカーン

ミード将軍はリンカーンの手紙を受け取り、どのようなことを考えただろう？　リンカーンに対して強い怒りを感じ、戦闘で死んでいく兵士たちの気持ちが理解できない非常に度量の狭い指導者だと非難したかもしれない。

しかしミード将軍は、この手紙を受け取ることはなかった。その理由は、リンカーンが手紙を送らなかったからである。この手紙はリンカーンがこの世を去った後、遺品を整理していたところ、彼の引き出しの中から発見されたのだ。

ミード将軍に感情的に手紙を書いた後、それを引き出しの中に入れておいたリンカーンの心情はどのようなものだったろう？

リンカーンは、自分の命令に従わず、戦争を終わらせる機会を逃したミード将軍にひどく腹が立ち、この手紙を書いたのだろう。それから、しばらく窓の外を眺めながら感慨にふけったに違いない。感情的に書いた手紙をすぐに送る代わりに、机の引き出しに入れておき、一晩中惨禍の中で戦っているミード将軍と兵士たちの姿を思い浮かべたかもしれない。そして自分もその状況に置かれていたなら、ミード将軍のようにしていたかもしれないと考え、憤りの心を治めたのかもしれない。こうして彼は、過去の経験を教訓とし、他人を非難することは何の助けにもならないという結論を出し、朝になって自分が書いた手紙をもう一度読んだ後、引き出しの中へ放り込んだのだろう。

実際はどうであれ、引き出しの中から発見されたこの手紙は、自分の命令に逆らった将軍を彼の立場に立って理解しようと努力した、リンカーンの人柄をくみ取ることのできる手紙である。

人に思慮があれば、怒りをおそくする。その人の光栄は、そむきを赦すことである。

箴言一九・一一

24番目のストーリー

奴隷たちの父

私は奴隷になりたくはない。だから、奴隷を使う人にもなりたくはない。

A・リンカーン

一八二八年、リンカーンが十九歳の時、長年夢見ていた長期旅行の機会がやってきた。スプリングフィールドの川辺を出発した彼は、千六百キロメートルという長い道のりを船に乗ってミシシッピ川を下っていった。ついににぎやかな港湾都市ニューオーリンズに到着した彼は、四週間そこに滞在した。田舎で素朴に育った青年リンカーンが大都市

▲ 黒人奴隷たちの父であったリンカーン

に出てみると、すべてが不思議で驚くことばかりであった。何よりも彼を驚かせたのは、多くの黒人たちの悲惨な生活であった。

彼は港の周辺を歩きながら、奴隷を売り買いする奴隷市場を見て回った。そこで彼は、多くの黒人奴隷たちが逃げられないように鉄の鎖でつながれ、白人たちに獣のような扱いをされている姿を見た。奴隷競売が行われているところでは、奴隷商人たちが黒人少女をつねったり突いたりしてぴょんぴょん飛び上がらせていた。奴隷の健康状態を点検しているようだった。この光景を見ていたリンカーンの心の中には、言葉にならない怒りがわき上がった。

「奴隷制度は絶対になくさなければならない！　この国でこんな制度をそのままにしているなんて何かがおかしい。絶対におかしい！」

このときから、リンカーンは奴隷制度が正しくないという考えを持ち、奴隷たちに自由を与えると決心するようになった。

一八三七年、彼は州議会議員に再選したが、イリノイ州上院と下院では共同で「奴隷制度廃止論者糾弾案」を提出し、この案は州議会を通過（賛成七十七票、反対六票）した。リンカーンは「奴隷制度廃止論者糾弾案」が通過したのを見て、自分の限界を感じたが、考えを曲げはしなかった。そして、このような決議案の通過は、不義と悪の定着の基盤になると抗議文を送った。

「現会期中、州議会を通過した奴隷問題に関する決議案に関し、下に署名した者たちは、明らかに反対を表明します。われわれは奴隷制度が正しいものでなく、間違った政策のもとで設立されたと確信していますが、奴隷制度廃止を拒む法律を制定することが、この制度の弊害を減らすよりむしろ助長することになると憂慮します。このように、既に通過した決議文の内容とわれわれの意見の間には、明らかな相違があることを抗議文を通して提出する次第です」

――一八三七年三月三一日

リンカーンは若いときから、奴隷制度に反対する自分の立場を信念を持って明らかにしていた。もちろん、これよって多くの困難も経験したが、時間がたてばたつほど奴隷制度を撤廃することは、揺らぐことのない彼の政策となっていった。

リンカーンは、奴隷制度に反対する政治家として多くの人々から関心を集めた。リンカーンが上院議員選挙に、共和党候補として選出されたとき、奴隷制度問題はすでに国家的な争点となっていた。

リンカーンは奴隷制度反対の立場をはっきりと表し、相手候補である民主党のスティーブン・A・ダグラスは、白人の奴隷擁護論者たちの目を意識して、奴隷制度に対する論争を巧妙に避けた。彼は「奴隷制度を廃止するなり存続させるなり、自分はその件に関与せず、ただ国民が望むままにさせる」というあいまいな立場を取った。しかし実際は、奴隷制度を承認する「ドレッド・スコット最高裁判決」、すなわち「黒人は、白人所有主の私有財産であり、基本的人権は持たない」という判決文を擁護する人物であった。

リンカーンは演説を通して、なぜ自分が奴隷制度に反対しているのかをはっきりと示した。


「私は奴隷制度を憎まずにはいられません。これはそれ自体が法になり得ないものですし、共和国としてわれわれの国が全世界に模範を示す妨げになるからです。そのためにこの制度を憎みます。

奴隷制度は自由主義の敵であり、われわれを偽善者にし、真の自由を追求する友から私たちの真実を疑わせ、特に独立宣言文の精神に反するため、私はこの制度を憎みます。

奴隷制度は正義と愛に反する人間の利己心に基づいています。……八十年余り前、この国は神の下ですべての人間は平等に創造されたと宣言したことによって始まりました。しかし何人かの利己的な人たちが、ほかの人を奴隷とすることが『自由の権利』だと主張し、われわれの根本の精神を衰退させました。しかし確かな事実は、この二種類の異なった考えが共存することはできないということです。これは、神とマンモン（金銭）の神とが共存することができないように、互いに衝突するしかないのです」

――一八五四年一〇月一二日（ペオリアで行った演説）

「私が奴隷制度の間違いを正すという約束とともに政治を始めて、もう五年の歳月がたちました。この政策は今も変わらず続いており、これからも中断することなくさらに発展していくものです。『どんな町でも、内輪もめして争えば立ち行きません』（マタイ一二・二五）。

私はこの国が、半分は奴隷、半分は自由人という状態で持続していくことはできないと考えます。私は合衆国と議会が分裂し、解体していくことを望みません。むしろ分裂と解体が中断されることを望みます。そのためには、すべての人が一つとならなければならず、それはまさに奴隷の解放を意味するのです」

——一八五八年（イリノイ州上院議員候補受諾演説）

「私は、黒人たちが独立宣言で明示されたすべての天から与えられた権利、すなわち生存権、自由、そして幸福追求権を受けられない理由は何もないと主張します。私は、白人と同じく黒人もこのような権利を授かったと固く信じます。私は、いろいろな面で白人と黒人が同等ではないと主張するダグラス候補の意見を理解します。もちろん彼らは私たちと肌の色も違いますし、備わった知的能力も違うかもしれません。しかし彼らも、自分が努力した分だけパンを食べることができる権利があるということでは私と同等であり、ダグラス候補とも同等であり、生きているどんな人とも同等なのです」

——（ダグラス候補との論争の中で）

リンカーンは、その主張が正しいにもかかわらず、選挙で落選してしまった。自分たちの利己的な欲求を満たすために奴隷制度を擁護する大多数の白人たちが、ダグラスを応援したからである。しかしリンカーンは、奴隷制度が正しくない制度であり、神の前で人間の尊厳性と平等性を無視する悪法であるという説得力のある主張をして、全国的な名声を得ていった。

アメリカ全域からあいさつと激励が送られ、講演の依頼と雑誌社からのインタビュー要請が殺到した。共和党党報とシカゴトリビューン紙では、リンカーンの正直さと信念のある政治哲学を報じ、彼を次期共和党大統領候補として大胆に推薦した。イブニングポスト紙も、彼についてこう書いている。

▲ リンカーンとダグラスの論争場面

「この時代の人物の中で、選挙を通してリンカーンほど急成長している人はいない」

ついにリンカーンは、一八六〇年五月一六日、共和党全国大会で大統領候補に選ばれ、その年の一一月六日の大統領選挙では民主党候補ダグラス上院議員と再び競い合い、圧倒的な票差で大統領として当選した。

彼は大統領になった後、奴隷解放のために神の前にひれ伏して祈り、さらに祈りながら、神の正しい助けと知恵を求めた。一八六二年、ついに彼は奴隷解放を決心し、日記にこのように書いた。

「私は、奴隷を解放すると神様に約束した」

彼は着実に準備し、一八六二年七月二二日、奴隷解放予備宣言をして、一八六三年一月一日、ついに最終的な奴隷解放令を布告した。歴史的なこの日、彼は連邦のすべての奴隷たちにこう宣言した。

▲ リンカーンを歓迎する黒人奴隷たち

「神様は、白人に自由を与えられたのと同じように、黒人にも自由を与えられました。今日直ちに、そしてこれ以降も永遠に、すべての奴隷の自由を宣言します」

四百万人の黒人奴隷（当時の人口は約三千百万人）は、リンカーンが願った通り、白人の主人たちの鎖から放たれ、本当の自由人として思い切り世界を闊歩《かっぽ》できるようになった。投票権を持ち、子どもたちを学校に送ることもできるようになり、自分の財産を所有することもできるようになった。

リンカーンがリッチモンドを訪問するという知らせが伝わると、黒人たちがあちこちから集まってきた。リンカーンが到着すると、彼らは熱狂的な歓声を上げ、ハンカチや帽子を振りながら、喜びを隠すことができなかった。

「われらの救世主、リンカーン万歳！　われらの救世主、リンカーン万歳！」

彼らの中の指導者とみられる一人の黒人がリンカーンの前に出てきてひざまずき、彼の足に口づけして最上の礼を表した。

「大統領閣下。あなたは私たちを奴隷の鎖から解き放ってくださった解放者であり、救世主であり、すべての奴隷たちの父です。私たちは皆、あなたに心からの感謝と栄光をささげます！」

リンカーンはひざまずく黒人指導者を起こしながらこう言った。

「どうぞ立ってください！　人にひざまずくのは良くありません。神様にだけひざまずき、神様にだけ栄光をささげてください。あなたたちに自由を与えた方は神様です。私はただこのことのために、神様に用いられた道具にすぎません。これから皆さんは、神様が下さった自由と権利を持って家庭と国と神様のために一生懸命働いてくだされば良いのです」

黒人たちは皆、ともに手を取り合ってリンカーンに歓声を上げた。彼らはその場から離れず、黒人霊歌を歌いながらリンカーンの愛に感謝した。彼らは皆、あまりの喜びにどうしたら良いか分からないようだった。リンカーンも彼らの愛に感激し、もう一度彼らに自分の思いを伝えた。

「皆さんは、もう本当に自由の身になりました。しかし自由を乱用するのではなく、法を守ってください。何よりも神様のみことばに従い、自由を下さった神様に感謝してください」

主がシオンの繁栄を元どおりにされたとき、私たちは夢を見ている者のようであった。そのとき、私たちの口は笑いで満たされ、私たちの舌は喜びの叫びで満たされた。そのとき、国々の間で、人々は言った。「主は彼らのために大いなることをなされた。」主は私たちのために大いなることをなされ、私たちは喜んだ。

詩篇一二六・一～三

リンカーンからの手紙

Letter from Lincoln

親愛なるウィリアム・S・スピオ氏へ

あなたの十三通目の手紙を受け取りました。あなたが提案しようとしている「各州の奴隷たちや、奴隷制度に対して干渉するすべての計画を撤回することが望ましい」という考えに、まず感謝を表したいと思います。

しかし私はそうしない方が良いと思います。私はすでに奴隷制度に関する自分の考えを整理して話してきましたし、それらを本にして出版したりもして、多くの人々に公開してきました。

私が話すことを聞きもせず、正しいことと正しくないことを注意深く考えもしない人たちにそれをもう一度繰り返して説明したとしても、注意して聞くことも考えることもないでしょう。

彼らがもしモーセと預言者たちの言葉に耳を傾けないなら、たとえ死者の中から生き返った者が話したとしても、彼の言葉を聞き入れないでしょう。

関心と愛に感謝して……。

＊この手紙は、テネシー州のウィリアム・S・スピオ氏が送った手紙に対する返事で、リンカーンの奴隷制度撤廃に関する見解がどれほど確固たるものであったかをよく表している。

25番目のストーリー

ストウ夫人との出会い

人の自由を否認する人は、自分自身の自由も広げる資格がない。

A・リンカーン

リンカーンが黒人奴隷たちを解放させるにあたり、決定的な助けとなった人がいたとすれば、それは『アンクル・トムの小屋』を書いた作家ストウ夫人であろう。彼女は、厳格な牧会者の家庭に育った篤い信仰を持った女性だった。リンカーンが奴隷解放のために軍隊を動員して戦ったとすれば、ストウ夫人はペンで人々の心を動かし、奴隷解放に貢献した女性だと言うことができる。それゆえ多くの人々は、奴隷解放はリンカーンの剣の勝利によるものだけでなく、ストウ夫人のペンの勝利にもよると考えている。

ストウ夫人は、自分の本の中で心優しい黒人奴隷と悪い白人の主人を対比させ、すべての人間の尊厳性について共感を呼び起こし、白人たちにも奴隷制度に対して目を覚まさせ、奴隷解放宣言をするときの火種の役割をした。

この本はリンカーンにも少なからず影響を与えた。彼はこの本を読んで、黒人奴隷制度の矛盾をさらに確信するようになり、大統領になったときに多くの白人たちの反対にもかかわらず奴隷解放を宣言することができた。

▲ストウ夫人

彼は肌の色が違うという理由で白人たちが黒人たちを虐待し、奴隷にすることは正しくないと考えた。このような小さな一冊の本が、リンカーンの心を動かし、彼の考えを変え、アメリカの歴史を変えたのだ。

ある日、奴隷解放の二人の主役、リンカーンとストウ夫人が会った。リンカーンはストウ夫人を歓迎し、このようにあいさつした。

「夫人の本は私に深い感銘を与え、奴隷解放に対する私の考えに多くの影響を与えました。私はこの本を読んで、夫人は強い方であろうという印象を受けました。しかしこのように直接お会いしてみると、か弱い方ではないですか。どうしてあんな偉大な作品を書くことができたのですか?」

「大統領閣下。この本は私が書いたのではなく、奴隷解放を望まれた神様の作品です。この本を書くとき、神様が私の背後で力を与えてくださいました。それに、私がした働きより大統領がなさった働きのほうがもっと驚くべきことです。私はただ、私の考えを文章にしただけですが、大統領はその考えを行動に移されました。私は、それがどれほど大変なことかをよく分かっています。しかもこの難しい状況の中で最後まであきらめず、奴隷たちを解放し、彼らに自由を与え、南北戦争を勝利に導いてこのような統一国家、平和な国を作られたではありませんか! 私の方こそ感謝をおささげします」

リンカーンは、ストウ夫人の賞賛に、謙遜にこう言った。

「私もやはり、足りない者の中でも特に足りない、小さな神様の道具であったにすぎません。神様が足りない者を用いてくださったことに感謝するのみです。夫人！　ただすべての栄光を主だけにおささげしましょう！」

主の御前でへりくだりなさい。そうすれば、主があなたがたを高くしてくださいます。

ヤコブ四・一〇

エピソード

夢と希望を見る目

南北戦争で国の将来がどうなるか分からなかったとき、青年たちは明日に対する希望を失い、さまよっていた。リンカーンがホワイトハウスを訪ねてくる青年たちと対話していた時、キーボルト・クリンという青年が心配気にこう質問した。

「今のままで、アメリカが滅びてしまうということはないでしょうか？」

リンカーンは、彼の肩をたたいてこう言った。

「私が青年だったころ、日ごろから尊敬していた老人と、秋の日の夜空を見上げていたことがある。そのときちょうど空に無数の流れ星が降ってきた。私はとても怖くなった。もしや流れ星が落ちて地球が滅亡するのではないかと思って。しかし、その老人は私の肩をたたいてこう言った。『あの流れ星を見て怖がることなく、もっと高いところで輝いている美しい星を見て、夢と希望を抱きなさい』。このときから私は、空の星を見上げるたびに夢と希望を抱くようになり、神の御顔を見上げる思いで、星を見るようになった。どうか夢と希望を忘れないでほしい！」

26番目のストーリー

統一大統領

誰にも悪意を抱かず、すべての人に慈しみを施しなさい。

A・リンカーン

私たちはリンカーン大統領を黒人奴隷を解放した大統領だと考えるが、アメリカの人々は、彼を「奴隷解放者」以上に、「北と南」「黒人と白人」に分裂していたアメリカを本当の意味で一つの国家にした「統一大統領」としてより高く評価している。

ある日、一人の記者がリンカーンにこう質問した。

「アメリカ連邦に反対して離脱した南部の人々が戦争で敗北して戻ってきたら、どうなさいますか？」

リンカーンが大統領として就任する際、アメリカ連邦からの脱退を宣言して彼を窮地に追いやり、その上戦争まで起こして国を大混乱に追いやった南部に対し、きっちり報復するという答えを記者は期待していた。しかしリンカーンの答えは意外なものだった。

「私は彼らに対して、一度も家出したことのない兄弟たちのように接するでしょう」

リンカーンはその言葉通り、南北戦争中でも南部の人々に対して本当の兄弟のように接し、どんな代価を払ってもアメリカ合衆国を維持して統一を回復するために努力した。南軍が先制攻撃で戦争を起こしたとき、北部の急進勢力が南部を敵として焦土作戦で焼き払おうと主張したが、彼は南部の人々に敵対心を表さず、むしろ北部の人々を説得して一つのアメリカ連邦を作り上げるように最善の努力をした。

彼の就任演説を聞くと、アメリカ合衆国の統一のためにどれほど忍耐し、努力したかを十分に推し量ることができる。

「親愛なる国民の皆さん！
普遍的な法則と憲法に照らし合わせて見るとき、アメリカ合衆国は永遠だと私は信じます。どの州も独断でアメリカ連邦からの脱退を宣言することはできません。なぜなら、アメリカ合衆国はすべての州の選択と決定により成り立っているからです。ですから南部連邦の脱退は、法的に無効です。私は今も憲法の次元ではアメリカ合衆国は破壊されていないと信じています。私の力が尽きるまで、アメリカ合衆国憲法をすべての州に忠実に適用するよう努力していきます。

私たちは、各州を別々に考えることはできません。夫婦は離婚して関係を絶つことはできても、私たちの州は決して関係を絶つことはできず、互いに顔を合わせるしかないのです。

国民の皆さん、皆さんがこの問題に対し、よく考えてくださることを願います。不満を持っている国民にとっても、憲法は破棄されることなく、変わらず有効です。たとえ新しい政府が憲法を改定したいと願っても、すぐに変える権限が私にあるわけではありません。ですから自分が正当だと思っている人たちも、性急な行動を自制しなければなりません。

知性と愛国心、クリスチャンの精神と恵みの神に対する確固たる信仰、これらは、現在のすべての困難を十分に克服することができる助けとなるでしょう。私の手ではなく、皆さんの手に戦争の重大な決定がかかっています。政府は皆さんを攻撃しません。私たちは敵ではなく、友人であり、たとえ感情が傷ついたとしても、感情のゆえに私たちの信頼関係を断つことがあってはいけません。ともに努力するとき、善良な天使の手が必ず私たちを助け、アメリカ合衆国のコーラスは永遠に響き渡るでしょう」

リンカーンは、合衆国から離脱した南部の復帰を忍耐しつつ待った。しかし彼らは戦争を選び、南部と北部は四年を越える期間、同胞同士で血なまぐさい残酷な内乱をすることとなった。リンカーンは、戦争が続いている間も、アメリカ合衆国を分離してはならないことと、連邦が維持されなければならないことを国民たちに訴え続けた。四年の任期を終え、再び再選したときも、二次就任演説を通して南部を兄弟愛で包み、統一のために、皆がともに愛で一つになることを呼びかけた。


「親愛なる国民の皆さん！

四年前、私たちは戦争を恐れ、それを避けようと努力しました。しかし戦争は勃発し、南部も北部もそれぞれ戦争で容易に勝利することを願いました。同じ聖書を読み、同じ神様に祈りをささげ、それぞれが相手を撃退できるよう神の助けを求めたのです。しかし、どちらか一方の祈りが応えられたというわけではありませんでした。どちらの祈りも完全に正しくはありませんでした。

全能の神様は、ご自身の目的を持っておられます。アメリカの奴隷制度は、神様の目で見ると罪の行いです。罪の行いがやまずに続いていたため、今生きておられる神様は、これを取り除くため、罰として南北の双方にとって悲惨な戦争を起こしたのだと思います。私たちは皆、この悲惨な戦争の災いが速やかに過ぎ去ることを心から祈らなければなりません。

私たちは誰に対しても恨みを持たず、すべての人に慈しみを施し、神様が下さった正義を信じ、私たちに任された働きを成し遂げるよう努力しましょう。戦争で犠牲になった軍人たちと未亡人たち、両親を失った子どもたちを世話し、私たち自身と私たちの国に、正しく持続する平和を成し遂げることができるよう、私たちの使命を全うしましょう」

リンカーンが望んだ通り、ついに四年間続いた戦争が終わった。人々はリンカーンに「南部の大統領ジェファーソン・デイヴィスを絞首刑に！　絞首刑に！」と叫んだ。しかしリンカーンは、彼らに向かって落ち着いた声で答えた。

「人から裁かれたくなければ、人を罪に定めてはいけないと神様が言われました。私たちは互いに兄弟であり同胞です。互いに赦し合い、包まなければならないのではありませんか？」

彼は、南部の人々と南軍を寛大に受け入れ、兄弟愛と哀れみをもって接した。そして、速やかにこのように公布した。

「アメリカ合衆国の大統領である私エイブラハム・リンカーンは、南部のすべての人々に、すべての財産権の回復を含む全面的な赦免を宣言する」

彼は、南部の総司令官ロバート・リー将軍に対してさえ何の処罰も下さなかった。リー将軍はむしろ、戦争後に敗北を認め、愛する部下たちの命を救った名将として英雄の待遇を受けた。リー将軍は、南部と北部が一つになった後に、ワシントン大学の総長として名誉ある人生を送り、今に至るまでアメリカ歴史上、卓越した指導力を持った名将として認められている。

リンカーンは「南部の人々に対して寛大過ぎる」と、急進派の批判を受けたにもかかわらず、「南部の再建と回復」を発表し、南部と北部が手を取り合い、力を合わせてアメリカ合衆国を再び建設しなければならないと説得した。

「われわれは皆、南部の諸州が戻ってきたことを、兄弟が家に戻ってきたように考え、彼らを助け、決して罪に問うてはいけない」

ついにリンカーンの南部再建計画は、閉ざしていた南部の人々の心を開き、アメリカ連邦の中に彼らが融合する基盤となった。彼は、四年一カ月の在任期間の間、統一のために努力した。彼が偉大な大統領としてあがめられる理由は、単純に奴隷を解放し、南北戦争を勝利に導き、アメリカ連邦を維持させたからではない。国民の痛んだ心をいやし、離れてしまった心を一つに結び、広い心で南部と北部、白人と黒人を私心なく包み込み、本当の連合を成し遂げる「統一大統領」の役割を忠実に行ったためである。

ダビデは、主が彼をイスラエルの王として堅く立て、主の民イスラエルのために、彼の王権がいよいよ盛んにされているのを知った。

第一歴代誌一四・二

27番目のストーリー

敵を友人にする能力

敵をなくす一番良い方法は、その者と友だちになることだ。

A・リンカーン

リンカーンには、弁護士時代から彼を無視し、侮辱する政敵が一人いた。彼の名前は、エドウィン・スタントン。彼が最も有名な弁護士として知られていたころ、リンカーンは、まだ青二才の弁護士にすぎなかった。

一度リンカーンが重要な事件を任され、法廷に出て行くと、ちょうどスタントンもそこにいた。どうやらリンカーンとスタントンは一緒にこの事件を弁護することになっているようだった。法廷に座っていたスタントンは、リンカーンを見ると突然席から立ち上がり、こう叫んだ。

「あんな田舎者の弁護士とどうやって一緒に働けというのですか？　今回の仕事はとても重要なので、あんな青二才と一緒に働くことなどできません」

そして彼は不快そうにドアを「バン！」と閉めて出て行ってしまったのだ。それだけでなく、スタントンは事あるごとにリンカーンを見下し、無礼な言葉や行動で彼を侮辱した。彼はリンカーンの外見と安っぽい服装を嘲弄《ちょうろう》し、このような毒舌を浴びせたこともある。

「皆さん、私たちはゴリラを見にアフリカまで行く必要はありません。イリノイ州のスプリングフィールドに行けば、リンカーンというゴリラに会うことができるからです」

後に大統領となったリンカーンは、内閣を構成するとき、一番重要な陸軍長官の座にスタントンを任命した。参謀たちは皆、このリンカーンの決定に驚かずにはいられなかった。なぜならスタントンは、リンカーンが大統領に当選した後でさえ、「リンカーンが大統領に当選したことは、国家的な災難」と言って、彼を攻撃していたからだった。参謀たちから見ると、スタントンは「リンカーンの敵」である。その上彼は、共和党ではなく、民主党の一員であった。

参謀たちは、スタントンの任命を再考するようにとリンカーンに抗議した。

「大統領閣下。今までスタントンがしてきたことを、もうお忘れですか？　彼は今でも大統領を非難しています。どうしてこのような人を重要なポストに就かせるのですか？」

リンカーンは参謀たちの言葉にこう答えた。

▲エドウィン・スタントン

「彼が私を数百回無視したからといって、それが何ですか？　彼は使命のある人で、陸軍長官をするのに十分な資質があります。彼は今の難局（南北戦争）を立派に克服することができる信念と推進力を持った人物です。彼がこの難局を解決してくれるなら、ほかのことは関係ありません」
「しかしスタントンは、大統領を非難し、侮辱する大統領の敵ではありませんか？　敵は消してしまわないと！」
リンカーンはにっこり笑ってこう言った。

「私もそう思います。敵は、私たちの心の中からなくしてしまわなければなりません！　しかしそれは、『敵を抹殺せよ』ということではなく、『敵を愛で溶かし、友人とせよ』ということです。イエス様も、敵を愛せよと言われました。もうこの人は、私の敵ではありません。そうすれば敵はいなくなるし、このように能力ある人の助けを受けることもできるし、一石二鳥ではありませんか？」

こうしてスタントンは、リンカーンと力を合わせて、国難を克服し、多くの働きをした。彼は陸軍長官として在任している間、最善を尽くして働いた。リンカーンが暗殺者の銃弾に倒れて息を引き取ったとき、スタントンはリンカーンを抱きかかえて号泣しながらこう言ったという。

「ここに、最も偉大な人が横たわっています」

スタントンは、リンカーンを侮蔑していたが、後にはリンカーンを最も偉大な人物と尊敬するようになった。リンカーンは、自分を嫌っていた敵までも赦し、愛することによって、本当の勝利者となったのだ。

「自分の隣人を愛し、自分の敵を憎め」と言われたのを、あなたがたは聞いています。しかし、わたしはあなたがたに言います。自分の敵を愛し、迫害する者のために祈りなさい。

マタイ五・四四～四五

28番目のストーリー

寛容の達人

もし相手を自分の意見に賛成させたければ、まず諸君が彼の味方だと分からせることだ。これこそ、人の心をとらえる一滴の蜂蜜であり、相手の理性に訴える最善の方法である。

A・リンカーン

陸軍長官スタントンと陸軍司令官バーンサイドは互いに仲が悪く、いつも相手に対して批判的であった。一度、スタントンがとても怒ってリンカーンを訪ねてきたことがある。彼はリンカーンの執務室に入るなり、怒りながらバーンサイドを非難し始めた。バーンサイドが、何人もの将軍たちが集まっている場で自分をけなし、公に非難したと言うのである。スタントンはリンカーンに、バーンサイドの悪口を言い始めた。リンカーンは彼の言葉を黙って聞き、こう言った。

「それであなたは、バーンサイド司令官をどのようにするおつもりですか？」

「すぐにやり込めてやります！　私を侮辱し、害を与えようとする人をそのままにしておくことはできません！」

「では今すぐ、手紙を一通書いてください。今あなたが私に話したすべての内容を一つ残らず書いて来てください！」

スタントンは家に帰るなり、一番痛烈で報復的な言葉を使ってバーンサイドに侮辱的な手紙を書いた。そして翌日の朝、自分が書いた手紙をリンカーンのところに持っていった。リンカーンは、手紙をすべて読んだ後、彼に聞いた。

「この手紙をどうするおつもりですか？」

「どうするかですって？　今すぐ彼に送らなければ！」

するとリンカーンはほほ笑みながら言った。

「そのような手紙は送ってはいけません。その手紙をあの暖炉の火の中に放り込んでしまいなさい。私も怒るたびに手紙を書いて、暖炉の火の中に放り込みます。心が平安なときに手紙を書くとそれは良い手紙になりますが、そうでない手紙はむしろ相手を傷つけ、自分に損害を及ぼします。感情的に書いた手紙は火で燃やし、もう一度書き直さなければなりません」

スタントンは暖炉の火の中に、自分が書いた手紙を投げ入れた。すると、心が平安で軽くなったのを感じた。

一度リンカーンとスタントンが、マクレラン将軍の野戦司令部を訪問したことがあった。しかしマクレラン将軍は戦闘現場から戻っておらず、何時間も司令官室で待つことになった。やっとマクレラン将軍が戻ってきたが、リンカーンとスタントンが自分を待っていることを知りながらも、一言もなく二階の自分の部屋に上がってしまった。リンカーンとスタントンは、将軍がすぐに降りてくるだろうと思って彼を待っていた。しかしいくら待ってもマクレラン将軍は顔を見せに来なかった。間もなく部下が来てこう言った。

「将軍はとてもお疲れになり、休まれました」

スタントンは、一介の将軍が大胆にも直属の上官である自分と大統領を無視したと考え、激しい怒りが込み上げてきた。

「大統領閣下。あのように無礼なやつは生まれて初めてです。あんなやつは、すぐに職をはく奪してしまわなければなりません」

リンカーンはしばらく沈黙してから、静かにスタントンに話した。

「いいえ。マクレラン将軍は、私たちがこの戦争に勝つために絶対に必要な人です。将軍のおかげで戦争が少しでも早く終わるなら、私は喜んで彼の手綱を持ち、彼の軍靴でも磨きましょう」

リンカーンは、マクレラン将軍が夜も眠ることなく戦闘に悩まされているため、休息が必要だということを認め、野戦司令部をたった。

スタントンは、常に良い面だけを見て相手の立場を理解し、配慮しながら受け入れるリンカーンの広い寛容な心を見て、多くのことを悟った。リンカーンは「悪を悪で返さず、悪を善で返す」というイエス様のみことばを自分の人生で実践していたのである。

だれも悪をもって悪に報いないように気をつけ、お互いの間で、またすべての人に対して、いつも善を行うよう務めなさい。

第一テサロニケ五・一五

29番目のストーリー

謙遜のリーダーシップ

再選されたことについて、私は全能の神様にただ感謝するだけです。

A・リンカーン
（大統領再当選所感の中で）

リンカーンは、二十三歳で州議会議員に立候補し、落選という苦杯を飲んだ。しかし、一八三二年三月九日付けの選挙チラシを見ると、選挙に対する彼の姿勢に、多くの政治家が自分を自慢する姿とは全く違う、謙遜さが備わっていることが分かる。

私はまだ若く、私を知っている人も多くはありません。私は貧しい土地で生まれ、今もその場所にとどまっています。私には推薦してくれる金持ちや名門の親類もいません。私を選んでくださるなら、それは皆さんが私に寄せてくださる多大な好意によるのであり、私はその好意にお応えするために、最善の努力を尽くします。

しかし、もし皆さんが知恵深く判断し、私を後ろに放り出したままにするのが良いと思われるのでしたら、それでも私は構いません。なぜなら、私はすでに多くの失望を味わう経験をしているからです。

結局、新参者のリンカーンは、十三名が立候補した最初の選挙で六百五十七票を獲得し、八位という結果で落選した。しかしリンカーンは、彼が住んでいたニュー・セーレム地域では、三百票中、二百七十七票を獲得したことを慰めとし、希望を失わなかった。彼は最初の選挙で敗北したものの、このように考えたのだ。

「身近な人たちから認められたのだから、これから遠くの地域の人たちにも認められればいいのだ！」

二年後、リンカーンは再びイリノイ州議会議員選挙に出馬した。彼は失敗を教訓として、正直さと謙遜を武器に最善の努力をした。ついに彼は、二十五歳で州議会議員に二位で当選するという栄光を受けた。

一八三六年、リンカーンは州議会選挙に再び出馬し、今度はすべての候補者たちを抜き、最高得票者として再選の栄光を勝ち取った。彼の計画通り、遠くの地域の人にも認められ、二十七歳の若さで州議会議員に再選した。しかも最高得票で当選したのだ。

リンカーンは州議会四選と連邦下院議員を経て、中央舞台に出る足場を固めた。しかし上院議員選と副大統領選では、何度も敗北した。彼はそのたびに「もっと遠くにいる多くの人たちに認められることが必要だ！」と謙遜に自分の足りなさを振り返った。

一八五六年、フィラデルフィアで開かれた共和党全国大会では、ニュージャージー州の判事ウィリアム・L・デイトンと、副大統領候補の争いを繰り広げた。結果はデイトンの勝利であった。議員の中で二百五十三名がデイトンを支持し、リンカーンを支持した人はわずか百十名程度だったのだ。選挙に負けたリンカーンは、ニュージャージーに住んでいた友人ジョン・V・ディックに手紙を送り、直接デイトン判事を訪ねて当選を祝ってほしいと頼んだ。

デイトン判事を訪ね、私が尊敬しているということと、副大統領の席は、私よりデイトン判事がより適任であり、これから私も力の及ぶ限りデイトン判事を助けていきますと、必ず伝えてください。

——A・リンカーン

リンカーンは副大統領選に落選し、上院議員選挙でも民主党の対立候補ダグラス議員に敗北したにもかかわらず、共和党大統領候補として指名されるという快挙を成し遂げた。リンカーンが、選挙に落選してもさらに高い位置に続けて上っていくことができたのは、選挙で見せる彼の謙遜な人格のゆえだった。

リンカーンは、民主党のダグラス候補と今度は大統領選挙で再激突し、ついに第十六代大統領に当選した。しかしその栄光もつかの間、大統領の任期が始まった途端に勃発した南北戦争が、再選のときまで続いた。戦争を通して国民の心はバラバラになり、リンカーン再選の可能性は不透明になっていた。

民主党の大統領候補には、南北戦争で有名になったジョージ・マクレラン将軍が出馬した。マクレラン候補は、人々からの信任と予想外の高い人気を得ていて、リンカーンと参謀たちを不安にさせた。戦争下では突発的な出来事が多く、誰も選挙の結果を予測することができなかったからだ。むしろマクレランが優勢だという意見さえあった。

このような状況の中で、リンカーンは内閣の議員たちに、封のしてある封筒の裏に署名をするように頼んだ。そして議員たちの署名をすべて受け取った後、選挙が終わるまで封筒を開封せずに保管していた。選挙の後、封筒の中にある文章を国務議会で朗読するつもりだったのだ。

選挙結果は予想外で、選挙に参加した二十五州の中で、二十二州でリンカーンが圧勝し、マクレラン候補はわずか三州だけで、惨敗に終わった。

リンカーンは、皆が気になっていた封筒の中にある文を、三日後に議会が開かれた場で公開した。

現政権が再選する可能性は極めてわずかです。そうであるなら、大統領候補が当選して就任している期間は混乱を避け、秩序を維持するため、当選者と協力しアメリカ連邦を救い出すことが、私の責任です。私を含むすべての内閣は、大統領当選者に協力することを約束します。

これを読んでから、彼は次のような説明を加えた。

もし再選できていなかったら、今読んだ通りマクレラン候補を訪ね、わだかまりを持たずに国政のことをすべて相談しようと決心していました。そしてこう言うつもりでした。

「マクレラン将軍！　これで将軍は私より国民の尊敬と理解を得ていることが立証されました。将軍と私がともに力を合わせるなら、この国のどんな難関をも克服することができ、将軍の影響力と私の行政能力を調和させるなら、この国を危機から救うことができると確信します……」

リンカーンは、選挙で負けたときには、自分を含む内閣全体が大統領当選者に協力することを約束する署名を前もって受け取っていたのだ。リンカーン自身が大統領に最初に当選したとき、南部と北部に国が分かれるという状況の中、前任大統領と内閣の助けを全く受けられず、困難を覚えた経験があったからである。そのことを思い出して、後任者には自分のような失敗をさせたくないと思い、自分が退いたとしても国の危機を避けるために、このような配慮をしたのである。

あなたがたの間では、そのような心構えでいなさい。それはキリスト・イエスのうちにも見られるものです。キリストは神の御姿である方なのに、神のあり方を捨てられないとは考えず、ご自分を無にして、仕える者の姿をとり、人間と同じようになられました。人としての性質をもって現れ、自分を卑しくし、死にまで従い、実に十字架の死にまでも従われました。

ピリピ二・五～八

リンカーンからの手紙

Letter from Lincoln

親愛なるグラント将軍へ！

私はグラント将軍と直接顔を合わせたことはありませんが、国に対する将軍の忠誠心に、限りない感謝の心をお伝えしようとこの手紙を書きました。感謝とともに一言付け加えるとするなら、将軍は本当に卓越した戦略家です。この事実は、この戦いを通して十分に見ることができました。私は将軍がピッツバーグ付近に到着したとき、必ず一度は素晴らしい戦いをするだろうと信じていました。将軍が部隊を引率し、南方の渓谷に前進したとき、将軍が戦いで勝利することを心から願いました。

そして将軍が下流に下りてポートギブソンを占領し、グランド湾とその周辺地域を占領したとき、将軍がさらに下ってペンクス将軍と合流するだろうと期待していました。

しかし将軍は、西北に向きを変えビックブラック東部に向かったので、私は心の中でこの作戦は将軍の判断ミスではないかと思いました。

しかし結果的に考えてみると、私の考えより将軍の決定が、より正しかったことは明らかです。

私は自分が間違っていたことを、この手紙を通して正直に認めます。

感謝と愛を込めて……。

——A・リンカーン

＊この手紙には、部下の勝利をほめる指導者の広い心とともに、自分だけが知っていた自分の間違いを正直に認める、指導者の謙遜で誠実な姿が表れている。

30番目のストーリー

リンカーンとムーディーの同労

誰でも義を行うとき、私はその人の側に立ち、誰でも不義を行うとき、私はその人の元を去る。

A・リンカーン

青年ムーディー（D.L.Moody）が、自らが開設した「子ども聖書学校の集い」にリンカーンを講師に招いたことから二人の出会いは始まった。一八六一年にリンカーンが大統領に当選し、ワシントンへ向かっていたとき、ムーディーは丁重に「大統領になられる方がワシントンへ行かれる前に、聖書学校の集まりにぜひ一度いらして、子どもたちに信仰と夢を植える言葉を下されば感謝です」と、リンカーンに講演をお願いしたのだ。

当時リンカーンは、新しい組閣と奴隷問題、南北分裂を防ぐことなど、目が回るほど忙しく、ムーディーの招待に応じる時間はなかった。それでもリンカーンは時間を割いて、ムーディーの招きに応じた。このようにリンカーンは、神の国の拡張と幼い魂の救いの働きには多くの関心を寄せていたのである。

リンカーンが、「子ども聖書学校の集い」に到着すると、待っていた子どもたちと教師たちは、熱烈にリンカーンを歓迎した。リンカーンは壇上に上り、静かに子どもたちの瞳を見つめながら話し出した。

▲ドワイト・ムーディー

「神様は皆さんを愛しています。ですからイエス様を信じ、神様のみことばである聖書を愛する人として皆さんをお呼びになられました。神様が皆さんを愛され、特別な贈り物を与えられました。その最高の贈り物は、聖書です。皆さんも神様のみことばである聖書をよく読んで、このみことばに従うなら、いつか私のような大統領になるかもしれません」

リンカーンの確信にあふれた証しを聞いて、子どもたちと教師は、割れるような拍手で尊敬と感謝の気持ちを表現し、彼の深い信仰に感動した。

後にムーディーは、リンカーン大統領が忙しい生活の中でも自分の聖書学校の集まりに訪れ、子どもたちに夢と勇気を与え、励ましてくれたという事実を誇りをもって証ししている。また、ムーディーはリンカーン大統領の仕事を力の限り助けた。リンカーン大統領の「奴隷制度廃止論」を積極的に支持しただけでなく、戦地に出向いて軍人たちの士気を高め、集会を開いて彼らをみことばで慰めた。これは、リンカーンにとっても大きな力となった。

自分の口でではなく、ほかの者にあなたをほめさせよ。自分のくちびるでではなく、よその人によって。

箴言二七・二

31番目のストーリー

祈る大統領

自分の知恵や能力、努力だけでは、何もすることができない。だから私は神の助けを求めて祈る。

A・リンカーン

リンカーンは、「聖書の人」であっただけでなく、「祈りの人」だった。幼いころから母の祈りの声に慣れ親しんでいたリンカーンは、大統領になっても祈ることをとても大切に考えていた。彼は朝に新鮮な空気を吸うため窓を開けるように、祈りで霊の呼吸を始め、夜にカーテンを閉めるように、祈りで一日の日課を終えた。彼は、神様に祈ることこそ、ほかのどんな仕事よりも優先させることであり、多くを成し遂げるための方法だと考えていたのだ。彼は休まずに祈り、信仰の通りに多くの実を結ぶようになった。彼がどれほど神様に祈っていたのかは、次の逸話を通して見ることができる。

リンカーンが大統領に当選した後、ワシントンに向かってたつ日の朝、彼を愛する多くの市民たちが駅に立ち、歓声をあげて見送った。リンカーンは雨の降る早朝に、見送りに来てくれる故郷の人々の温かい愛に目頭を熱くし、別れのあいさつをした。

「愛する皆さん！　私はスプリングフィールドで、皆さんから多くのものを頂きました。私たちは皆、神様の助けなしには決して成功することができません。私はこの場を離れますが、私のために祈ってくださるようにお願いします。私は、かつてワシントン大統領の肩の上に乗っていた重荷よりも、さらに重い荷を負っている気持ちでここをたちます。神様が助けてくだされば、どんな困難も乗り越えることができると信じています。私のために祈ってください！」

このようにリンカーンは、出発する間際に祈りの援護を願った。

ついにリンカーンは、国が南と北に分裂した状態で、統一と奴隷解放を成し遂げなければならないという重責を負って、大統領の任期を迎えることになった。リンカーンは、大統領在任中も、神様に祈ることをやめなかった。

戦争中のリンカーンの姿は、まるでイスラエルの民をエジプトからカナンの地に導くモーセのようだった。モーセは温和で謙遜な人だったが、何よりも神様の前にひれ伏して祈る人だった。イスラエルの民がアマレク人と戦うことになったとき、モーセは指導者として敵と直接戦うのではなく、イスラエルの軍勢が戦っている間、祈っていた。彼の祈りは、まさに神様が注いでくださった力そのものだった。

リンカーンもまた、南北戦争が続いている間、モーセのようにひざまずいて祈ることをやめなかった。なぜなら彼は、戦争の勝敗が人の知恵や兵士の数や、武器にあるのではなく、神様の助けの御手にかかっているということを信じていたからだ。


「主の前では、どんな知恵も英知もはかりごとも、役に立たない。馬は戦い

の日のために備えられる。しかし救いは主による」（箴言二一・三〇〜三一）

熾烈な南北戦争が続いていたある日、有名な人気俳優のジェームス・マードックがリンカーンの招待でホワイトハウスに来たことがある。

彼はリンカーンと夕食を取り、戦争に対するいろいろな話をして過ごした後、遅くなったので床に就いた。しかしその晩ジェームスは、ホワイトハウスから遠くないところから聞こえてくる砲声で寝付くことができなかった。そして明け方には、どこからか聞こえてくるすすり泣くようなうめき声のために、それ以上横になっていることができなくなってしまった。

ジェームスはベッドから起き上がり、声がどこから聞こえてくるのか、突き止めようとした。音をたどり、彼の足が止まったところは、北側の奥まったところにある大統領執務室で、うめくように叫ぶ声はリンカーンの祈りの声だった。


「愛する神様！　私は足りないしもべです。私の力では成すことができません。新しい力を与えてください。勇気を失わないように助けてください。最後まで神様とともに歩めるよう私をお守りください。この民族を哀れみ、一日も早く戦争が終わり、統一した国を作ることができるよう助けてください。戦争で死んでいく若者たちをお守りください……」

ジェームスは、止むことなく続くリンカーンの祈りの声を聞いて、驚かずにはいられなかった。謙遜にひざまずいて祈るリンカーンの姿を見た彼は、リンカーンをさらに尊敬するようになり、彼を率先して助けたのだった。

リンカーンは、戦地の野戦司令部をたびたび訪ね、兵士たちをねぎらい、励ました。最前線部隊のテントにとどまりながら、兵士たちの友となり、温かく彼らの悩みを聞き、士

▲祈っているリンカーン

気を上げた。

リンカーンは、テントにいる間も一人で静かに祈ることをやめなかった。彼が祈っているときは、テントの入り口に「白いハンカチ」がかかっていた。すると、秘書は彼の祈りが終わるまで面会を禁じ、祈りが妨げられないようにしたのだった。

ついにリンカーンは、大胆な祈りの通りに、アメリカ合衆国の統一と奴隷解放という実を結んだ。これは、世界の人が驚くほど偉大なことであった。

リンカーンが成したすべての偉大な働きは、謙遜な祈りの膝から始まったものだった。


わたしを呼べ。そうすれば、わたしは、あなたに答え、あなたの知らない、理解を越えた大いなる事を、あなたに告げよう。

エレミヤ三三・三

エピソード

南北戦争と祈りの話

アメリカ陸軍戦闘教本の中には、歴史上偉大な戦争を分析した内容が収められているが、この中に兵力や武器など多くの面で劣勢だったにもかかわらず北軍が勝利した、南北戦争の例が紹介されている。

南軍には偉大な名将ロバート・リーがおり、すべての面で優勢であったにもかかわらず、軍配は北軍に上がった。これは祈りの人エイブラハム・リンカーンがいたためである。リンカーンは、戦争が終わった後、こう告白している。

「北軍の勝利は祈りの勝利でした。私たちに南軍のロバート・リー将軍のような名将がいなかったことは、むしろ良いことでした。なぜなら、祈りによって神様にさらに頼ることができたからです」

32番目のストーリー

収穫感謝祭の復活

感謝することを知っている人には、発展がある。

A・リンカーン

今日私たちが行っている「収穫感謝祭」（Thanksgiving Day）の由来は、清教徒（ピューリタン）たちがアメリカ新大陸に到着して、最初の収穫を感謝したことにさかのぼる。

十七世紀初頭、イギリスの国王ジェームズ一世は、国教会に反対する清教徒たちを激しく迫害し、監獄に入れた。彼らは迫害を避け、オランダへ逃げた後、一六二〇年、メイフラワー号に乗り込み、信仰の自由を求めて、新大陸に向かって旅立った。アメリカの北東、マサチューセッツ州のプリマスに到着すると、彼らはまず丸太で教会と学校を建て、それから自分たちの住む家を建てた。

彼らは、インディアンの酋長マサソイトの助けにより、農業に必要な栽培技術と家畜の飼育方法を学び、荒地を開墾して家畜を育てた。そして最初に収穫した穀物や野菜などの貴重な収穫物を与えてくださった神様に感謝するため、インディアンたちを招待してともにお祭りを開いた。これが伝統となったのが、今日の収穫感謝祭だ。

植民地の統治者ウィンスロップは、感謝祭を制定し、すべての清教徒たちにこれを守るよう公布した。

「偉大な神様は、とうもろこし、小麦、えんどう豆、落花生、かぼちゃなど、多くの穀物と実を豊かに実らせてくださり……自由に礼拝をささげられるようにしてくださいました。私はすべての巡礼者に宣言します。私たちがここに来て三年、今は一六二三年一一月二九日、木曜日の朝です。皆さんが、妻子とともに礼拝堂に集まって説教を聞き、全能の神様にささげものをささげ、感謝祭を守ることを公布します」

その後、収穫感謝祭は、マサチューセッツ州とコネチカット州で年中行事として行われ、徐々にアメリカ南部地域に広がっていった。そして一七八九年、初代大統領ワシントンが一一月二六日を収穫感謝祭として公布し、全国民がこの日を守るようになった。しかし第三代大統領ジェファーソンは、収穫感謝祭が王政時代（アメリカがイギリスに支配されていた期間）の慣習だという理由で中止させ、それ以降、第十五代大統領ブキャナンまで、五十年以上も国の行事として行うことができなかった。

リンカーンは、この収穫感謝祭を国民の祝日として制定することについてよく祈り、いろいろな人の助言を求めた。彼は最終的に自分の考えを整理して「一年を振り返り、その年の豊かな収穫を下さり、この国を守られ、すべての必要を満たしてくださった神様に感謝をささげることは、ごく当然のことである」という結論を出した。こうして彼は、神様に感謝する「収穫感謝祭」を国民の祝日であると宣言した。このようにして中断していた「収穫感謝祭」が再び復活したのである。リンカーンは収穫感謝祭を国民の休日として制定し、次のように宣言した。

「私は、私たちの敬けんな先祖である清教徒たちが、アメリカの地で感謝の種を蒔いたという信仰の遺産を、子孫である私たちが継承するよう、この日を国民の祝日に定めます」

リンカーンによって「収穫感謝祭」が国の祝日として制定された後、この日はアメリカで一番大きな祭日となり、各地に散っている家族が集まり、一年間に受けた神様の恵みを覚える日となっている。それだけでなく、「収穫感謝祭」は、今や世界各国の国の祝日として、また、教会での感謝の行事として守られている。

すべての事について、感謝しなさい。これが、キリスト・イエスにあって神があなたがたに望んでおられることです。

第一テサロニケ五・一八

Abraham Lincoln

5

神の心にかなう大統領

リンカーン記念館

大岩の顔、リンカーン

リンカーン、最後の瞬間

リンカーン銅像奉献式での演説

イエス・キリストに次ぐ人気

神の心にかなう人

33番目のストーリー

リンカーン記念館

アメリカ史上、いや、世界の歴史上、エイブラハム・リンカーンよりも神様の基準を完全に満足させた人はいない。

ジョン・ウォースリー・ヒル博士

リンカーン記念館（Lincoln Memorial）は、アメリカの首都ワシントンD.C.の象徴でもあるホワイトハウスの近くに位置している。壮大で華麗、厳粛さを兼ね備えたリンカーン記念館には、一日に数千、数万人もの観光客が訪れ、アメリカ史上最も重要な人物、いや、世界史の中でも際立っているリンカーンの生前の姿を見ながら、彼の高貴な夢と理想をたたえている。

リンカーン記念館は、リンカーンがアメリカ人の心の中にどれほど大きな位置を占めているか、そしてアメリカ人がどれほど彼を尊敬し、敬愛しているかを一目で見ることができる建物で、まるで巨大な神殿を思わせる姿だ。

この記念館は、一八六七年に建築が始まり、一九二二年に完成した。建物は全部で三十六個の円柱で支えられているが、これはリンカーンの任期中にあった三十六州を象徴しており、柱の上部には、一九二二年に完成した当時のアメリカ四十八州（現在五十州、当時ハワイとアラスカは含まれていなかった）の名前が刻まれている。

建物の入り口の中央に置かれている巨大なリンカーンの石像は、彫刻家ダニエル・チェスター・フレンチが大理石二十八個を使い、四年かかって彫刻した作品で、両腕をひじ掛けの上に乗せていて、親近感を与えながらも厳粛な雰囲気をかもし出している。座像の高さは五メートルほどで、ワシントン記念塔と遠くの国会議事堂を見下ろしている。リンカーンの座像には次のような文字が刻まれている。

IN THIS TEMPLE
AS IN THE HEARTS OF THE PEOPLE
FOR WHOM HE SAVED THE UNION
THE MEMORY OF ABRAHAM LINCOLN
IS ENSHRINED FOREVER

▲ リンカーン記念館
◀ リンカーンの座像

アメリカを救い、統一に導いたリンカーンが、人々の心に永遠に残る記念として。

この石像の東側と西側の大理石の壁には、リンカーン大統領のゲティスバーグ演説文と、二番目の就任演説文が刻まれており、北方と南方の大理石の壁には、二つの大きな壁画が描かれている。展示館の中では、リンカーンの人生の資料を閲覧することができ、書店にはリンカーンに関連する数千種類の本が備えられている。

リンカーン記念館は、リンカーンがアメリカ合衆国の自由と連合のために犠牲を払った比類のない業績に対する、国民の尊敬と愛の表れであると言うことができる。これは、アメリカ合衆国はもちろん、全世界の自由と一致を愛するすべての人々にとって、歴史的な記念碑となっている。

正しい者の呼び名はほめたたえられ、悪者の名は朽ち果てる。

箴言一〇・七

エピソード

責任を取る指導者

リンカーンは、世を去った後、さらに大きな愛と尊敬を受けた。彼の業績や人柄が優れていたからだ。彼がどれほど偉大な指導者であったかを端的に表わす手紙が最近公開され、彼の卓越した人柄に対する尊敬が改めて呼び起こされた。

南北戦争最大の激戦となったゲティスバーグの戦いのとき、リンカーンはミード将軍に攻撃命令を下し、次のような短い手紙を一通送った。

尊敬するミード将軍！　この作戦が成功したなら、それはすべてあなたの功労によるものです。しかし、もし失敗したなら、その責任は私にあります。もし作戦が失敗に終わったら、将軍は、大統領の命令だったと言ってください。そしてこの手紙を皆に公開してください！

― A・リンカーン

責任は自分が取り、栄光は部下に与えるというリンカーンのリーダーシップは、私たちが見習うべき、真実な勇気の模範である。

34番目のストーリー

大岩の顔、リンカーン

人は四十歳になったら、自分の顔に責任を持たなければならない。

A・リンカーン

ナサニエル・ホーソーンが書いた『人面の大岩』という小説に、田舎の村に住むアーネストという貧しい少年が登場する。この少年は、家の向かいの山にある、大きな岩に自然に刻まれた顔を見上げながら、いつかこの岩の顔に似た偉大な人が現れるという伝説を信じて待ち望んでいた。

時折、成功した事業家や戦争で勝利した軍人など、「大岩の顔」に似ているという人たちが村に現れ、村の人たちは期待したが、結局彼らは村人を失望させ、去っていくだけだった。

月日が流れ、アーネストは年を取った。いつも大岩の慈しみと威厳ある顔を敬い慕いながら育った彼は、温和で威厳を兼ね備えた姿に変わっていった。ある日、村の人たちがアーネストの姿を見て、驚きと喜びでこう叫んだ。

「アーネスト、まさに君が僕らが待ち望んでいた『大岩の顔』に似た人だ！」

この小説は、アメリカのサウスダコタ州のラシュモア山に刻まれたリンカーンの彫像を思い起こさせる。そこにはリンカーンを含む四人の大統領（他にジョージ・ワシントン、トーマス・ジェファーソン、セオドア・ルーズベルト）の顔が彫刻されている。

リンカーン大統領の顔の長さはおよそ二十メートル、鼻の長さは六メートルにもなり、一つの岩から掘り出された彫刻作品の中では、もちろん世界最大の傑作品となっている。リンカーンを含む四名の大統領は、慈しみにあふれ、優しい様子であると同時に、威厳を兼ね備え、人々を親しげに見下ろしている。

▲ラシュモア山の大統領彫像、左側からワシントン、ジェファーソン、ルーズベルト、リンカーン

この傑作品は、巨大な花崗岩《かこうがん》の岩盤を爆破して削って形を整えるという方法で、一九二七年に彫刻家ガットスン・ボーグラムによって制作が始められた。そして彼が七十三歳でこの世を去る一九四一年三月まで、十四年もの長い間制作は続いた。しかし彼は完成を見ることはなく、彼の息子リンカーン・ボーグラムが後を継いで作業を締めくくり、一九四一年一〇月についに完成した。

この四人の大統領たちは、アメリカで最も尊敬される偉大な大統領であるだけでなく、皆神を敬愛する人であり、誰よりも聖書を愛していた人物であったという共通点がある。ワシントン（初代大統領）は「神様と聖書を知らずして正しい政治を行うことは不可能だ」と言い、ジェファーソン（第三代大統領）も「神様の言葉である聖書は、人間に与えられた一番有益な道徳律法であり、この国は聖書の基礎の上に立っている」と言った。また、ルーズベルト（第二十六代大統領）は「自分の人生を真実に生きようとする人なら、聖書を注意深く研究しなさい」と言い、リンカーン（第十六代大統領）は「聖書は神様が人間に下さった最も価値のあるプレゼントである」と言った。

若いころのリンカーンは、見た目があまりにも悪く、しばしば人にからかわれたという。背がとても高く、顔はほお骨が突き出ていて、大きな鼻にしゃくれたあご、その上やせていて、時々周りの人たちは、彼をアフリカゴリラだとかマントヒヒだとからかった。

しかし彼はいつも正直で誠実な人生を歩み、その結果、彼の印象は慈しみと威厳を兼ね備えた姿に変わっていったのだ。まるで幼いアーネストの姿が、成人して「大岩の顔」に変わっていったように、リンカーンは多くの苦難と逆境を神様が喜ぶ方法で知恵深く克服してきたため、世界のすべての人々が尊敬し、似ていきたいと願う姿になったのである。

さて、モーセという人は、地上のだれにもまさって非常に謙遜であった。

民数記一二・三

エピソード

顔に対する責任

リンカーンが大統領であったころ、彼をよく知る友人が、ある人を要職に推薦した。「この人は非常に才能があるので、仕事を任せてみたらどうでしょう？　うまくやり遂げるはずです！」

しかしリンカーンは、推薦された人と面談した後、この人を起用しなかった。その後、友人がその理由を尋ねると、リンカーンはこう答えた。

「あの顔が気に入らなかったので、断ったよ！」

「おや、人の顔は本人の責任ではなく、親の責任じゃないのかい？」

「なあ。人は40歳になったら自分の顔に対して責任を持たなければ。推薦してくれた人に会ったけど、才能はありそうに見えたが、顔に徳が見られなかった。正直、悪いけれど彼の顔は、聖書の言葉を一つも読んだことのない人のようだったよ！」

リンカーンは、単純にその人の外見だけを見たのではなく、顔を通して心と人格まで見通していたのだ。

35番目のストーリー

リンカーン、最後の瞬間

私は最後まで競争を走り終えたことがうれしい。

A・リンカーン

一八六五年四月九日、南部のリー将軍が北軍総司令官グラント将軍に降伏し、ついに南北戦争が終結した。兵士たちは互いに抱き合い、勝利の祝砲を打ち上げて喜び、国民たちも皆、家の外に飛び出して国旗を振りながら歓喜の声を上げた。

諸教会も、平和を与えてアメリカ合衆国を維持させてくださった神様に、感謝の礼拝をささげた。ワシントンでも勝利を祝う行事が催され、リンカーンもまた、祝賀行事やアメリカ連邦を一つにする仕事で忙しい日々を送っていた。しかし、悲劇の影は静かに彼のそばに近寄っていた。

リンカーンは、数日前に見た不吉な夢のために、心を重くしていた。奴隷を解放し、国の分裂を防ぐという一世一代の大仕事が解決し、喜ばしい限りではあったが、一方で不安な心を抑えることができなかった。リンカーンの暗い表情を、妻メアリー・トッドが心配そうな顔で見つめるので、彼はその夢の話を聞かせた。

リンカーンがいつものようにホワイトハウスにいると、その日に限って人々がとても悲しそうに泣いていた。リンカーンは不思議に思い、そこにいた人に理由を聞いてみた。その人は「リンカーンが亡くなったからだ」と言った。それも「ひどい暗殺者の凶弾に倒れた」と言うのだ。

これを聞いてひどい衝撃を受けたリンカーンは、すぐに夢から覚めた。その夢はあまりにも生々しくリンカーンの頭に残り、消えなかった。

リンカーンの夢の話を聞いた妻は彼を慰めようと思い、気分転換も兼ねてフォード劇場で演劇を見ようと、演劇が好きな夫に提案した。リンカーンは喜んでこの提案に応じた。

一八六五年四月一四日の午後、リンカーン大統領夫妻は、劇場二階の貴賓席に着いた。観客は皆立ち上がって彼らを拍手で歓迎し、リンカーンも手を振って応えた。その日は『われらのアメリカのいとこ』(Our American Cousin) という喜劇が公演されていた。公演の合間の休憩時間にリンカーンは、メアリー・トッド夫人に言った。

「なあ、大統領の任期が終わったら、ヨーロッパ旅行を一度して、次に祝福の地カナンの聖地旅行をしてみたいな。特にエルサレムの地を踏んでみたい。そこはイエス様の息づかいが感じられ、主の足跡があるところだから。主が直接私たちの罪の重荷を背負ってくださり、苦しみの十字架にかけられたゴルゴタの丘、聖なる地エルサレム……」

まだ話し終わらないうちに銃声が響き、それと同時にリンカーンは、すぐ隣に座っていたメアリー・トッド夫人に倒れかかった。彼女はとっさに悲鳴を上げてリンカーンを抱きかかえた。リンカーンの頭からは血が流れ、息は荒く、すぐに意識を失った。周りにいた警備員たちがその場を少し離れたすきに、暗殺者ジョン・ウィルクス・ブース（南部支持者の俳優）がリンカーンに接近し、彼の頭に引き金を引いたのだった。

連絡を受けてすぐに駆けつけた大統領の主治医と数名の軍医たちは、応急処置をした後、一晩中頭から流れる血を止血し、撃ち込まれた弾丸を取り出そうと試みた。しかし、弾丸はすで

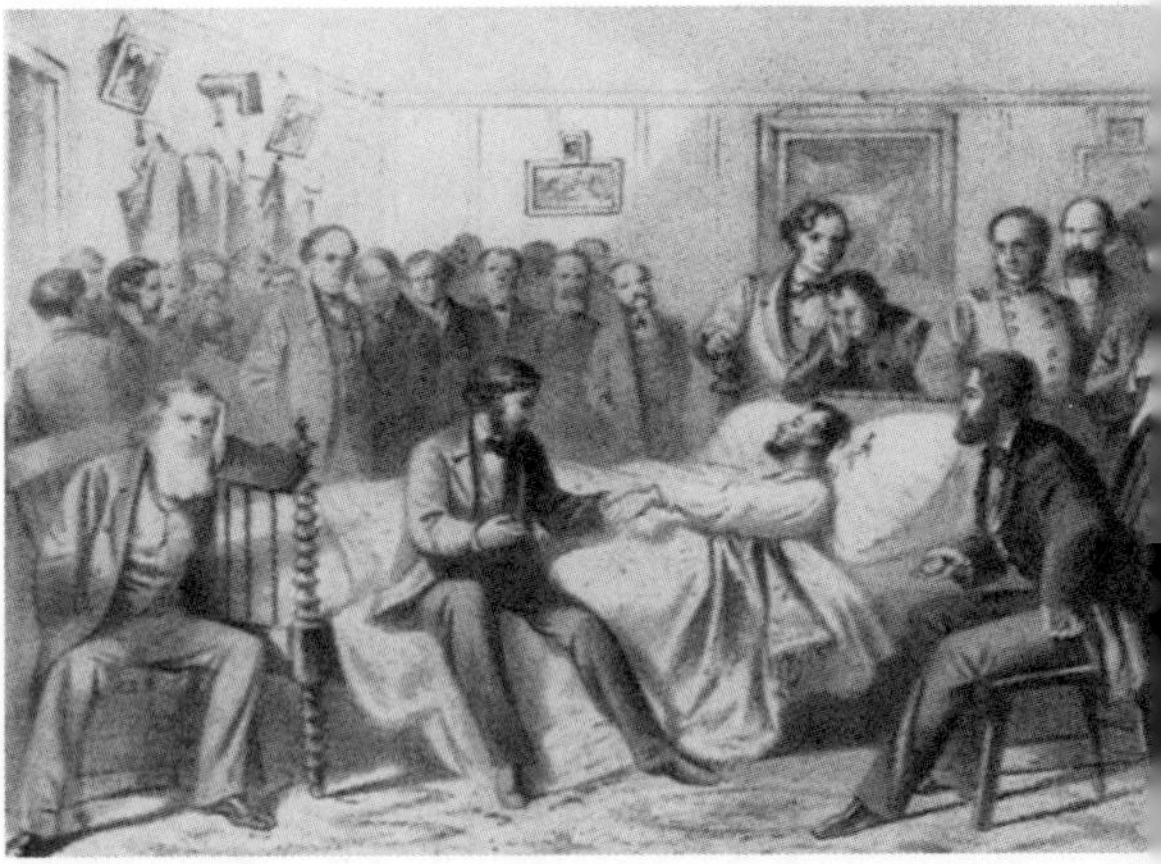

▶リンカーンが暗殺されたフォード劇場（右）
リンカーンの暗殺場面（中央）
リンカーンの臨終直前の様子（左）

に脳の深いところに達し、これ以上手の施しようがなかった。

長男ロバートも知らせを聞いてすぐに駆けつけ、母メアリー・トッドとともに一晩中ベッドに付き添っていた。知らせを伝え聞いた牧師たちも、リンカーン大統領のために心を合わせて祈り、夜を明かした。しかし翌日の朝、一八六五年四月一五日午前七時二十二分、リンカーンは苦痛の中でも平安を失わず、五十六歳で神様のもとへ帰っていった。

ロシアの文豪トルストイは、リンカーンをこのように賞賛した。

「歴史上、偉大な英雄や偉人はたくさ

んいたが、本当の巨人はリンカーンだった。彼は自分を憎み、殺そうとする敵までをも赦し、兄弟のように接し、愛の手を差し伸べた。リンカーンはまるで小さなイエス・キリストだった。彼のほほ笑みは暖かい日差しのように注がれ、その行動は岩のように堂々とし、彼の品格は親切と寛容にあふれていた。私たちは皆、リンカーンを人類の歴史上、一番偉大な聖人として永遠に記憶することだろう」

エイブラハム・リンカーンは、聖書の中に出てくる信仰の祖先アブラハム（国々の父）のように、信仰の模範を示して生きた神の人だった。彼は奴隷たちの父であっただけでなく、平和と自由を愛するすべての人類の本当の父であった。

彼の信仰とその美しい人生は、今もなお大きなともしびとなり、私たちの人生を明るく照らしている。平和を愛し、自由を愛し、何よりも神様を信じ、従うことを願う信仰者たちの心に、彼の人生は今も息づいている。

▲イリノイ州スプリングフィールドのオークリッジにあるリンカーンの墓地

イエスは大声で叫んで、言われた。「父よ。わが霊を御手にゆだねます。」こう言って、息を引き取られた。

ルカ二三・四六

36番目のストーリー

リンカーン銅像奉献式での演説

ある人の人柄を本当に試そうとするなら、その人に権力を握らせてみなさい。

A・リンカーン

リンカーンの奴隷解放宣言の重要性は、フレデリック・ダグラスの演説の中にはっきりと表れている。奴隷として生まれた彼は、南部メリーランド州から脱出し、一八四一年から反奴隷制協会の演説者として各地域を講演して回り、黒人奴隷たちの人権と自由と平等の必要性を力説した。

一八七六年四月一四日、ワシントンD・C・で、リンカーンを記念する「リンカーン銅像奉献式」が行われた。リンカーンの銅像は彫刻家トーマス・ボールの作品で、黒人がひざまずいてリンカーンを見上げている姿を彫刻したものだ。彼が暗殺されてから十一年後、自由を得た奴隷たちが、彼に感謝を表すために募金して作ったのだ。その銅像奉献式には、グラント大統領（第十八代大統領）と高官たちが参加し、そこで黒人であるダグラスは感動的な演説をした。彼の演説は、黒人と白人を和解させる重要な役割を担ったと評価されている。

▲ワシントンD.C.にある銅像

「市民の皆さん。われわれは今日、言葉や行動における傲慢や憎悪を皆捨て去ります。また、今日奉献する銅像の主人公の人格と歴史、輝く名声に対して、並外れた賛辞を付け加えたりする必要もありません。リンカーンと私たち、そして白人との関係を、私たちはよく知っています。リンカーンが受けた教育や環境を考えると、彼は典型的な白人でした。

白人の皆さん。私はこのことを知っているからこそ、確信を持ってお話しします。皆さんこそ、彼の一番深い愛情と配慮の対象だったのです。皆さんはリンカーンの子どもです。実のところ、私たちはせいぜい養子か、継子に過ぎません。皆さんこそ、彼をほめたたえ、彼の銅像を作り、彼の写真を壁にかけ、彼の行動を賞賛するのにふさわしいのです。なぜなら皆さんにとって彼は、偉大で栄光ある友人であり、助けを与えてくれた人だからです。

私は皆さんに、この銅像よりもっと立派な記念物を建てていただきたいと思います。一番高価な資材で、一番精巧な技術で、一番美しく完全な形で、永遠に残る傑作品を作ってください。

しかし、皆さんが莫大なお金を使って、正義感と愛国心に満ちてそうしたとしても、私たちのこの粗末な銅像を無視しないでほしいのです。リンカーンは皆さんのために国を救いましたが、私たちのことも奴隷の身分から解放してくれたからです。

リンカーンの名前は、この国が一番暗く陰鬱な状態にあるとき、われわれの心に希望を与えた尊い名前でした。彼が敗北を経験したときも、勝利と栄冠を享受するときと同じように、私たちは彼を恥ずかしいとは思いませんでした。彼に対する心が曇り、限界にぶつかったときもたびたびありましたが、完全にあきらめたことは一度もなく、血を流しながらも、彼に対する信頼を失いませんでした。なぜなら、私たちはリンカーンに全面的に期待していたからです。

彼の賢明で立派な統治の下、偏狭な古い思考がこの国からなくなっていくのを見ました。私たちの勇敢な息子や兄弟たちが奴隷の束縛から自由になり、アメリカ合衆国の兵士として青い制服を着る姿を見ました。私たちは、数十万の黒い皮膚を持つ人々がリンカーンの要請に応え、小銃を肩に担ぎ、制服を着て自由と統一のために勇ましく行軍する姿を見、この国の名誉を長い間汚していた奴隷制度が廃止されるのを見ました。

私たちは彼の統治の下、外国の奴隷貿易を禁止する法が施行され、その法を破る奴隷貿易業者が絞首刑にされるのを見、私たち黒人は永遠に奴隷でいなければならないという考えの上に立っていた南部の州が、こっぱみじんにされるのを見ました。

リンカーンが行わなければならなかった偉大な任務は二つありました。一つは国を分断と破壊から救うことであり、もう一つは奴隷制度という大きな罪悪から国を解放することでした。この二つを成し遂げるためには、国民たちの協調が必要でした。もし彼に成功するための政略がなかったなら、彼の努力は無駄になり、何の成果も上げられなかったことでしょう。もし彼が連邦を救うことより奴隷制度廃止を優先させていたなら、分離主義者たちの反乱に対抗することもできなかったでしょう。

純粋な奴隷制度廃止論者の立場から見ると、彼はのろまで、冷たく、鈍く、冷淡にも見えたかもしれません。しかしすべてを統合しなければならない政治家の立場から見ると、彼は素早く、情熱的で、断固たる意志を持ち、すきがありませんでした。仮に彼が、当時のほかの白人たちのように、黒人に対する偏見を持っていたとしても、心の底では奴隷制度を嫌い憎んでいたということは、否定できない事実であります。彼はこのように言いました。

『われわれは、この途方もない戦争の災いが即刻取り除かれることを心から祈らなければなりません。しかしもし、神様が戦争を望まれるなら、この災いは続くしかありません。二百六十年間にもわたる奴隷たちの報われない労役によって蓄積したすべての富と財物が完全になくなるまで、むちと剣によって流された血の一滴一滴のすべての代価が支払われるまでです。なぜなら、神の裁きは、全くもって真実であり、正当だからです』

これだけを見ても、奴隷問題に対する彼の考えを知ることができます。歴史上、リンカーンより激しい攻撃を受けた人はいませんでした。彼は奴隷制度廃止論者たちからも攻撃され、奴隷所有者たちからも攻撃を受けました。また絶対的な平和主義者たちや戦争強硬論者たちからも攻撃され、戦争が奴隷制度廃止のためでなければならないと主張する人たちの攻撃も受けました。そして彼を苦しめた一番の強い攻撃は、彼が戦争で奴隷制度を悪用したという非難でした。

しかし今、この時点で、彼が直面してきたとてつもない働きを考え、総合的に評価してみると、全知全能である神様は、リンカーンよりもこの任務にふさわしい人は送られなかったということです。

リンカーンは、大統領に就任するとすぐに、とんでもない危機に直面しました。彼の目の前には、反乱によって事実上解体したアメリカ連邦がありました。彼の前任であったブキャナンは、連邦を解体することで問題を解決しようとしました。しかし幸いにもリンカーンは、ブキャナンの判断に従いはしませんでした。どんな危険が押し寄せ、どれほど多くの費用がかかっても、アメリカ連邦は維持しなければならないと決心したのです。

リンカーンが就任する前、臆病な人たちは八百万名（当時離脱した十一州の人口数）の反乱を鎮圧することはできないと言いました。しかしこの反対にもかかわらず、彼は自分の使命を明確に悟っており、神様に対する信仰を失いませんでした。

彼は奴隷制度の倫理に慣れることなく、平凡な生活を愛しながら、言葉と行動が一致するよう努力しました。リンカーンが自分と国民に対して持っていた信念は、驚くほど確固たるものでした。

同胞の皆さん。今日私たちは、私たちの人種（黒人）のために良いことをしました。私たちの友であり、私たちを解放してくれたリンカーンを記念して、私たち自身と私たちの子孫のために、尊く名誉あることをしたのです。

これで、有色人種は魂もなく、他人を助けることもできず、感謝することも知らないと非難する人々から、私たち自身を守ることができます。もしそう言う人に出会ったら、感謝を表すために建立したこの銅像を、静かに指し示すことを願います」

支配者の顔色をうかがう者は多い。しかし人をさばくのは**主**である。

箴言二九・二六

37番目のストーリー

イエス・キリストに次ぐ人気

多くの人を一時ならだますことはできる。また一人の人なら、長い間だますこともできる。しかし、多くの人を長い間だますことはできない。

A・リンカーン

一九四八年に五十五名の歴史学者たちが大統領について研究するため、大統領の評価を作成し始めた。それ以来、歴代大統領たちに対する採点制度は今も続けられている。

最近、アメリカのウィリアム・ライディングスとスチュワート・マッカイバーからなる大統領世論調査チームが、アメリカとカナダなどのアメリカ史専攻教授と政治専門家など七百十九名の専門家を動員し、アメリカの歴代大統領を研究分析した本『Rating the Presidents（大統領たちを評価する）』を出版し、話題となった。

この本は、初代大統領ワシントンから第四十二代クリントン大統領まで、四十一名の大統領を、五項目、すなわち指導力、業績および危機管理能力、政治力、人事管理能力、性格および道徳性に分けて評価し、順位を出したものである。

各項目別順位と総合順位を出した結果、最高の指導者と言える総合一位の栄光は、リンカーンが勝ち取った。二位はフランクリン・ルーズベルト、三位はアメリカの国父ワシントン、四位はジェファーソンの順となっており、レーガンは二十六位、クリントンは二十三位で、中間程度の評価だった。クリントンは、もっと高い評価を得ることができたにもかかわらず、道徳性で最下位を取り、順位が下がってしまった。

調査の結果、上位に上った大統領たちは皆、独立戦争、南北戦争、経済大恐慌、世界大戦など、困難な時期に大統領として働いており、国家の危機を立派に克服すれば、英雄になれるということを立証している。研究の結果、五項目の総合の順位と、道徳性の順位が多くの場合一致していることが人々の関心を引いた。これは、正直で道徳性を持っている指導者こそ、能力があり、国民の尊敬を受ける資格がある指導者であるという事実を表している。

リンカーンは、業績および危機管理能力と、性格および道徳性で一位になり、指導力と政治力で二位、人事管理で三位となり、総合評価で最高得点を獲得して「誠実で偉大な大統領、欠かすことのできない大統領」として認められた。これとは対照的に、四十一名の大統領の中で最下位は、第二十九代大統領ウォレン・ハーディングだった。彼は自分でも「私は大統領になってはいけない人間です。大統領という職業は、一言で言うと私にとって地獄でした」と告白するほどに、彼の評価は業績および危機管理能力、性格および道徳性、すべての面で最下位の評価だった。学者たちも彼について「大統領とは呼べない大統領」「最もひどい大統領」とあだ名をつけるほどだった。

また、一九七九年、アメリカで歴史上最も尊敬できる人物について世論調査をしたことがある。その結果、一位はイエス・キリスト、二位はリンカーンだったという。リンカーンの人気がイエス・キリストに次ぐという事実だけを見ても、彼がどれほどアメリカ人と全世界の人から愛と尊敬を受けている人かを実感することができる。

それを尊べ。そうすれば、それはあなたを高めてくれる。それを抱きしめると、
それはあなたに誉れを与える。

箴言四・八

ＴＶ放送

最近（2001年)、アメリカのC−SPANテレビ放送で、大統領に関する歴史を専攻する学者たち58名を集め、１年間にわたり、６項目（大衆説得力、経済管理、道徳的権威、対議会関係、ビジョン提示、平等定義追求）に分類してアメリカ歴代大統領たちの業績を評価した。この放送は、国民の関心を集めた。リンカーンがそこでも総合１位に輝いた。ベスト５に選ばれた大統領たちを見ると、リンカーン、フランクリン・ルーズベルト、ワシントン、セオドア・ルーズベルト、トルーマンの順だった。彼らは皆、ビジョン提示能力、強い行動力、道徳的な面などでも高い点数を得ていた。

38番目のストーリー

神の心にかなう人

神様は、私たちのすべての働きにおける静かな同伴者だ。

A・リンカーン

リンカーンの信仰は、母ナンシーの真実な信仰に深く根差したものだった。彼は常に聖書を読み、祈ることによって、バランスの取れた成熟した信仰者として育った。彼は母の遺言通り、信仰者の道から外れることがないようにし、徹底的に酒とタバコも避けた。不正と賄賂の誘惑を退け、母が教えてくれた十戒を人生の中で厳しく実践した。

リンカーンが具体的に、いつ霊的な改心をしたかは正確には知られていない。しかし、スプリングフィールド長老教会で、メソジスト派のリバイバリスト、ジェームス・ジャックス牧師がリバイバル集会を開いているとき、イエス・キリストを自分の救い主として受け入れ、主のために自分の生涯をささげる決断をしたと伝えられている。そのときジャックス牧師は「霊的に生まれ変わらなければならない」という主題で、力あるメッセージをし、リンカーンは救いの必要性を痛感したという。その晩彼は、自分が救いを受けなければならない罪人であることを悟り、悔い改めの祈りをささげ、救いの確信を得たと言われている。

このときからリンカーンは、自分の人生は神様の道具であると考えるようになり、霊的に変化した。そして、機会があれば自分の使命を多くの人々に公に話すようになった。

「今、私が任されている任務は、神様が任せてくださった働きであり、私はただ神様の道具として使命を受けているだけです。ですから私の働きは、単純に私自身の働きではなく、神様の働きであり、この働きを成し遂げるためには、私の知恵ではなく、神様の知恵が必要であると考えます」

普段から告白していたように、リンカーンは小さな仕事一つでも、神様とともにする忠実なクリスチャンとしての人生を生きた。朝ごとに聖書を黙想し、祈ることを怠らなかった。彼は聖書を黙想しながら、神様に真実に仕える者には、神様はどんな状況でも決して見捨てることなく、最後まで責任を持ってくださるということを悟った。

リンカーンが大統領に就任する何週間か前、彼の誕生日に集まった人々に、彼は自分の覚悟をこのように話した。

「愛する皆さん。私は足りなく、準備もできていない状態で、大統領という極めて重大な責任を負うことになりました。しかし私は、全能である神様を喜ばせるためなら、いつでも私の命までをも差し出す覚悟ができています」

夫人メアリー・トッドは、リンカーンの友人であるリード牧師に、リンカーンが大統領に就任する前日にあった出来事をこのように説明した。

「夫リンカーンが就任する前日、家族みんなを呼び、作成した就任演説文を大きな声で読み上げました。演説文をすべて読んだ後で、彼は私に『なあ、そろそろ静かな時間が必要だ。子どもたちをほかの部屋に連れて行って静かにさせてもらえるかな』と頼みました。そしてその日、私たち家族は、彼がいつもよりさらに大きな声で神様に祈っている声をしっかりと聞きました」

次の文は、祈りながら準備したリンカーンの就任演説文の一部である。

……私たちが直面している困難な問題を解決しようとするとき、私たちの知恵と熱心さだけではだめです。当然、神様の言葉である聖書に頼り、神様を固く信頼しなければなりません。神様はすでに、この国を顧みてくださっており、ついには私たちの国を困難な危機から救い出してくださるのです……

フランク・E・エディントンが書いた『ニューヨーク長老教会史』を見ると、「リンカーンは母から受け継いだ聖書によって真実なクリスチャンに成長し、大統領に当選した後も、ニューヨークアベニュー長老教会に毎週出席していた。彼は日曜日の礼拝だけでなく、週の半ばにある祈祷会にもよく参加し、祈りをささげていた」と彼の信仰を詳しく紹介している。

リンカーンは、フィニアス・ガーリー主任牧師を好み、ホワイトハウスに招いて礼拝の導きと祈りをよく頼んでいた。サムター要塞が南軍に占領されたという知らせを聞いたときも、彼はすぐにガーリー牧師に連絡し、ホワイトハウスに来てもらうよう頼んだ。彼は、あらゆることが起きるたびに、ガーリー牧師とともに祈り、困難な時期を克服したのである。

ある日、主日礼拝の後、ガーリー牧師が信徒たちに特別なお知らせをした。

「今日から私たちの教会では、少しの間集会を控えます。理由は、皆さんもご存じの通り、戦争で死傷者が多く出て、教会を病院にするしかないからです」

この報告を聞いたリンカーンは、とても驚いてこう言った。

「ガーリー牧師。今この国が困難にあることは事実です。しかし、このようなときだからこそ、私たちには教会が必要で、より神様に頼って、仕えなければなりません。私は教会を病院とする処置には賛成できません」

そしてリンカーンの主張する通り、困難な状況でも礼拝は休止されず、続けられるようになった。

リンカーンと長年親交のあるニューヨーク・トリビューン紙の記者ノア・ブルックスは、一八六五年、月刊誌ハーパーズの七月号にリンカーンに関する次のような記事を載せた。

リンカーンは、聖書を読んで祈ることをたゆまず続けていました。国が危機に陥ったとき、彼は強い信仰を持って神様を見上げていました。一度彼が私にこう話したことがあります。

「私は、目の前が暗くなるたびに、ひざまずいて神様の助けを求めた。すると神様が光を注いでくれるんだ」

当時、最高の神学者として知られていたウィリアム・J・ウルフ教授は、リンカーンと昼食をともにした後、ある教団の集まりでこう言った。

「リンカーンは素晴らしい神学者です。なぜなら彼は聖書に精通しているだけでなく、聖書を人生の中で実践しているからです。彼はこの国で起きている政治、経済、軍事、教育、社会全般のすべてを、具体的に神様が統治してくださると信じ、神様の声に耳を傾けています」

リンカーンの友人であるリード牧師も、リンカーンがこの世を去った後、彼の信仰について次のような文章を残した。

「リンカーンは、まれに見る信仰の篤い人でした。以前、その信仰を証ししてくれたことがあります。彼は、主イエス・キリストによる永遠のいのちと希望を確信していました。キリスト教の教理についても固い信仰を持っており、ホワイトハウスでも日ごとに聖書を読み、休まず祈っていた信仰の人でした」

リンカーンに会い、彼と話をした人たちが皆思うことは、彼が下した決断と行動が、確信のある信仰に基づいたものであるということだ。彼の信仰と人格は、すべての人を包み込むほど大きな器であり、彼の顔はまるでイエス・キリストの顔のように温和で謙遜だったと懐しく振り返っている。一言で言うと、リンカーンは「神様の心にかなう人」、すなわち「神様の同労者」だったのだ。

「わたしはエッサイの子ダビデを見いだした。彼はわたしの心にかなった者で、わたしのこころを余すところなく実行する」

使徒一三・二二

エイブラハム・リンカーン　年譜

一八〇六年　父トーマス・リンカーンと母ナンシー・ハンクスは、メソジスト教会ジェシー・ヘッド牧師の司式で結婚（六月一二日）。

一八〇九年（〇歳）　二月一二日、ケンタッキー州ホーゲンヴィルの開拓地にある農場の丸太小屋で生まれる。姉はサラ（二歳上）。

一八一六年（七歳）　インディアナ州南部に引っ越す。

一八一八年（九歳）　一〇月に母ナンシーが風土病で死去。リンカーンの妻となるメアリー・トッドがケンタッキー州レキシントンで誕生。

一八一九年（十歳）　父トーマスが二番目の妻サラ・ジョンストンとメソジスト教会で結婚。

一八二六年（十七歳）　リンカーンはオハイオ州で渡し船の船頭になる。

一八二八年（十九歳）　姉サラが難産で死去。リンカーンはミシシッピ川を下ってニューオーリンズまで長旅をする。そこで黒人たちの惨状を直視する。

一八三〇年（二十一歳）　イリノイ州のディケーターに引っ越す。

一八三一年（二十二歳）　ニュー・セーレムに移り、デントン・オファッツ・ゼネラル・ストア（雑貨屋）の店員として働く。

一八三二年（二十三歳）　アメリカ先住民族と戦うためブラックホークの戦いに参加。州議会選挙に落選──十三名候補中八位に終わる。ウィリアム・ベリーと雑貨店を営む。

一八三三年（二十四歳）　雑貨店倒産。郵便局の仕事を任される。測量技師試験合格。

一八三四年（二十五歳）　測量技師の仕事をしながらイリノイ州下院議員に初当選。

一八三六年（二十七歳）　イリノイ州下院議員に当選（再選）。弁護士試験に合格。

一八三七年（二十八歳）　スプリングフィールドに移る。友人ジョン・スチュワートと共同で法律事務所開設。

一八三八年（二十九歳）　州下院議員に当選（三選）。議会議長落選。

一八四〇年（三十一歳）州下院議院に当選（四選）。大統領選挙人落選。

一八四一年（三十二歳）友人スチュワートが下院議員に当選。ローガンと共同で法律事務所開設。

一八四二年（三十三歳）メアリー・トッドと結婚（一一月四日）。

一八四三年（三十四歳）長男ロバート誕生（八月一日）。

一八四四年（三十五歳）ハーンドンと共同で法律事務所開設。

一八四六年（三十七歳）下院議員に当選。次男エドワードが誕生（三月一〇日）。

一八四九年（四十歳）スプリングフィールドで弁護士職に専念。

一八五〇年（四十一歳）次男エドワードが死去（二月一日）。三男ウィリアム誕生（一二月二一日）。

一八五一年（四十二歳）父トーマスが死去（一月一七日）。

一八五三年（四十四歳）四男トーマス誕生（四月四日）。

一八五五年（四十六歳）上院議員落選。奴隷制度反対演説をする。

一八五六年（四十七歳）共和党副大統領候補として立てられるが落選。

一八五八年（四十九歳）上院議員選挙でダグラスに敗れる。

一八六〇年（五十一歳）共和党全国大会（五月一〇日）で大統領候補として指名され、大統領に当選（一一月六日）。

一八六一年（五十二歳）母を訪ね別れのあいさつ。アメリカ連邦を脱退した六州が南部連合を結成し、大統領としてジェファーソン・デイヴィスを選出（二月九日）。大統領に就任（三月四日）。連邦政府から脱退した南部連合無効宣言。南北戦争勃発（四月一二日）。ダグラス死去（六月三日―三十日間の弔意表明を公布）。

一八六二年（五十三歳）エドウィン・スタントンを陸軍長官に任命。奴隷解放予備宣言公布（七月二二日）。三男ウィリアム死去（二月二〇日）。

一八六三年（五十四歳）奴隷解放令宣布（一月一日）。黒人の入隊を決定。感謝宣言文発表（七月一五日）。収穫感謝祭を一一月二六日に制定し宣布（一〇月三日）。ゲティスバーグの戦い、犠牲者墓地奉献式に参加し、「人民の、人民による、人民のための政治」という名演説をする（一一月一九日）。

一八六四年（五十五歳）グラントを北軍総司令官に任命。民主党のジョージ・マクレランを退け、大統領に再選（一一月八日）。

一八六五年（五十六歳）奴隷制度を廃止する憲法改正法令を承認し、奴隷解放を完結（二月一日）。三月に大統領就任。南軍のリー将軍降伏宣言（四月九日）。南部の再建のため演説（四月一一日）。フォード劇場でジョン・ウィルクス・ブースによって暗殺（四月一四日）。四月一五日午前七時二十二分に死去。リンカーン大統領の担当牧師フィニアス・ガーリー師が葬儀の司式（四月一九日）。スプリングフィールドにあるオークリッジ墓地に埋葬（五月四日）。

『ホワイトハウスを祈りの家にした大統領リンカーン』参考図書

キム・ドンギル著『リンカーンの人生』（セムト出版、二〇〇一年）

ゴア・ヴィダル著　ナム・シンウ訳『大統領リンカーン1、2、3』（文学と知性社、一九九九年）

ノ・ムヒョン著『ノ・ムヒョンが出会ったリンカーン』（ハッコジェ、二〇〇一年）

キム・ヨンイル著『リンカーン』（啓蒙社、一九八六年）

フレデリック・オーウェン著　パク・ヒョンモク訳『リンカーンの生涯と信仰』（牧会資料社、一九九三年）

オ・ビョンハク著『エイブラハム・リンカーン』（キュジャン文化社、一九九二年）

キリスト教文社編集部編『教会史から選んだ一八八二の信仰の話』（キリスト教文社、一九九八年）

シン・ヨンシク著『偉人の母から学ぶ子ども教育の知恵』（国民日報社、一九九七年）

Paul M. Angle, *New Letters and Papers of Lincoln* (USA: Houghton Mifflin Com, 一九三〇年)

Michael Gorham, *The Real Book about Abraham Lincoln* (Garden City Books, 一九五一年)
Carl Sandburg, *Abe Abraham Lincoln Grows Up* (Harcourt Pub, 一九八五年)
G. Frederick Owen, *Abraham Lincoln The Man & His Faith* (Tyndale House Pub, 一九七六年)
Mary E. Hull, *Mary Todd Lincoln* (Enslow Pub, 二〇〇〇年)
Robert Somerlott, *The Lincoln Assassination* (Enslow Pub, 一九九八年)
Timothy Levi Biel, *The Civil War* (Lucent Books, 一九九一年)
Peter Burchard, *Lincoln & Slavery* (Atheneun Books for Young Readers, 一九九九年)
William Hanchett, *The Life of Abraham Lincoln Out of the Wilderness* (University of Illinois Press, 一九九四年)
W. Fred Conway, *Young Abe Lincoln* (FBH Pub, 一九九二年)
David Herbert Donald, *Lincoln* (Simon & Schuster NY, 一九九五年)

著者紹介

ジョン・クゥアン

この地が神様のみことばを愛する人々で満ちあふれることを願うジョン・クゥアン牧師は、ひたすら聖書を愛する運動を広げていくという使命を持って神様の働きに力を注いでいる。チョンシン大学院（M.Div.）を卒業し、現在は南ソウル恵み教会協力牧師として仕えており、常に神様に感謝する謙虚な姿勢で、書斎である「感謝書房」で執筆と黙想の時間を過ごしている。本書は、センミョンエマルスム社50周年記念図書として選ばれた本であり、2003年韓国キリスト教出版文化賞を受賞し、『聖書が作り上げた人物、デパート王ワナメイカー』とともに国民日報ヒット商品にも選ばれた。彼の著書は、70万部以上売れたベストセラーで、韓国キリスト教出版界にスーパーベストセラーという新しい境地を開き、成人はもちろん、青少年、子どもたちにまで大きな感動と悟りを与えた作品として評価されている。

著書としては、『子どもの、ホワイトハウスを祈りの家にした大統領リンカーン』、『本の虫リンカーンが大統領になった』、『聖書が作り上げた人物』、『子どもの、聖書が作り上げた人物』、『デパート王になったレンガ少年』、『生涯感謝』、『子供たちのための、生涯感謝』、『小さな感謝、大きな幸福』、『感謝します』、『生涯感謝365ノート』、『生涯感謝100日ノート』、『生涯感謝カレンダー』（以上、センミョンエマルスム社刊）、『聖書を読んで偉大な英雄になれ』（ツラノ刊）などがある。

※上記の著書は、日本語ではいずれも出版されておりません。

ホワイトハウスを祈りの家にした
大統領リンカーン

2010年 2月1日 初版発行

著 者 ジョン・クゥアン
訳 者 吉田英里子
発 行 小牧者出版
〒300-3253 茨城県つくば市大曽根3793-2
TEL: 029-864-8031
FAX: 029-864-8032
E-mail: info@saiwainahito.com
ﾎｰﾑﾍﾟｰｼﾞ: saiwainahito.com

乱丁落丁は、お取り替えいたします。 Printed in Japan.
 ISBN978-4-904308-01-1